Erik Wischnewski

Kooperatives Projektmanagement

Erik Wischnewski

Kooperatives Projektmanagement

Strategien zur nachhaltigen
Verbesserung der Projektabwicklung

Die Deutsche Bibliothek - CIP-Einheitsaufnahme
Ein Titeldatensatz für diese Publikation ist bei
Der Deutschen Bibliothek erhältlich

ISBN-13:978-3-322-86976-0   e-ISBN-13:978-3-322-86975-3
DOI: 10.1007/978-3-322-86975-3

1. Auflage Juli 2002

Alle Rechte vorbehalten
© Betriebswirtschaftlicher Verlag Dr. Th. Gabler GmbH, Wiesbaden 2002
Lektorat: Ulrike M. Vetter

Der Gabler Verlag ist ein Unternehmen der Fachverlagsgruppe BertelsmannSpringer.
www.gabler.de

Das Werk einschließlich aller seiner Teile ist urheberrechtlich geschützt. Jede Verwertung außerhalb der engen Grenzen des Urheberrechtsgesetzes ist ohne Zustimmung des Verlags unzulässig und strafbar. Das gilt insbesondere für Vervielfältigungen, Übersetzungen, Mikroverfilmungen und die Einspeicherung und Verarbeitung in elektronischen Systemen.

Die Wiedergabe von Gebrauchsnamen, Handelsnamen, Warenbezeichnungen usw. in diesem Werk berechtigt auch ohne besondere Kennzeichnung nicht zu der Annahme, dass solche Namen im Sinne der Warenzeichen- und Markenschutz-Gesetzgebung als frei zu betrachten wären und daher von jedermann benutzt werden dürften.

Umschlaggestaltung: Nina Faber de.sign, Wiesbaden
Druck und buchbinderische Verarbeitung: Hubert & Co., Göttingen
Gedruckt auf säurefreiem und chlorfrei gebleichtem Papier

Softcover reprint of the hardcover 1st edition 2002

Vorwort

Die Idee zu diesem Buch kam mir auf der Tagung des Norddeutschen Ingenieurs im Oktober 1995 in Rostock, veranstaltet vom Verband Deutscher Ingenieure (VDI). Dort traf ich Professor Franz Moser, der den ersten Vortrag zum Thema Nachhaltigkeit hielt, während ich den letzten Vortrag zum Thema Projektmanagement halten durfte. Bei einer anschließenden Diskussion versuchten wir, übereinstimmende Merkmale zu finden. Daraus wurde die Idee geboren, ein neues, zeitgemäßes und zukunftsweisendes Projektmanagement zu finden, und zwar mit Hilfe der Begriffe und Prinzipien der Nachhaltigkeit und inneren Selbstbewegung[1].

Während der letzten Jahre, in denen auf diese Weise neue Arbeitshypothesen zum Projektmanagement entwickelt wurden, hat sich der Begriff der Nachhaltigkeit in Richtung einer nachhaltigen Entwicklung gewandelt. Diese bezieht sich auf ökologische, ökonomische und soziale Belange, sie vereint in sich Aspekte der Verteilungsgerechtigkeit, des schonenden Umgangs mit der Mitwelt[2] und einer langfristigen Sicherung des Wohlstandes. Ferner muss hiernach nachhaltige Entwicklung eng verkoppelt mit gesellschaftlichen Werten und ethischen Normen betrachtet werden.

Projektmanagement sucht ständig nach neuen Möglichkeiten, ist eine Variable der Zeit und benötigt somit laufend neue Impulse, die dieses Buch für ein zeitgemäßes Projektmanagement vermittelt.

Schrittweise wird an das neue, kooperative Projektmanagement herangeführt. In Kapitel 1 wird Projektmanagement in eher philosophischer und grundlegender Weise betrachtet. In Kapitel 2 wird eine speziell für dieses Thema durchgeführte Umfrage mit Hilfe eines Fragebogens vorgestellt. Es umfasst die Auswertung der Fragebögen in

---

[1] Erlauben Sie mir, erst an späterer Stelle näher darauf einzugehen, was man unter inneren Selbstbewegung versteht.

[2] Der Begriff *Umwelt* suggeriert einen Schnitt zwischen uns und dem Übrigen, aber realistisch müssen wir uns als eine Einheit verstehen; daher passt der Begriff *Mitwelt* besser.

stark vereinfachter Form. Interessierte Leser können die Originalarbeit bei mir beziehen, Informationen finden Sie unter *www.wischnewski-online.de*. Gerade die Wiedergabe der Ergebnisse und deren Interpretation soll den Leser für Probleme in seiner eigenen Projektwelt sensibilisieren. Kapitel 3 formuliert das neue kooperative Projektmanagement und fasst damit die Ergebnisse der Umfrage und die philosophischen Betrachtungen zusammen. Konsequenterweise folgen in Kapitel 4 operative Strategien zur Verbesserung der bestehenden Projektsituation in Richtung auf ein kooperatives Projektmanagement. Kapitel 5 ergänzt das Thema um die neuesten Erfahrungen des Autors bei Softwareprojekten.

Kaltenkirchen, Juni 2002　　　　　　　　　Erik Wischnewski

Inhaltsverzeichnis

1 **Projektmanagement als Philosophie** 11
- 1.1 Das Weltbild im Wandel der Zeit 11
  - 1.1.1 Holistisches Weltbild 11
  - 1.1.2 Selbstorganisation und Chaos-Theorie 13
- 1.2 Warum kooperatives Projektmanagement? 15
- 1.3 Was soll Projektmanagement leisten? 19
  - 1.3.1 Was ist ein Projekt? 19
  - 1.3.2 Aufgabe des Projektmanagements 21
  - 1.3.3 Spiralmodell 23
  - 1.3.4 Phasenmodell 24
  - 1.3.5 Vergleich beider Modelle 25
  - 1.3.6 Einkaufen aus Planungssicht 26
- 1.4 Projektplanung 27
  - 1.4.1 Autofahrt aus Planungssicht 28
  - 1.4.2 Nachhaltigkeit durch langfristige Planung 29
  - 1.4.3 Softwareprodukt 30
- 1.5 Innere Selbstbewegung und kybernetischer Regelkreis 31
  - 1.5.1 Übersicht 31
  - 1.5.2 Streitmacht aus Sicht innerer Selbstbewegung 31
  - 1.5.3 Ist der Projektleiter entbehrlich? 33
- 1.6 Die sechs Gebote 37
  - 1.6.1 Die sechs Gebote und ihre Nachhaltigkeit 37
  - 1.6.2 Die sechs Gebote und das Hamburger Verständlichkeitskonzept 39
  - 1.6.3 Ressourcen-Planung 42
  - 1.6.4 Berichtswesen 43
  - 1.6.5 Wohnungsbaugesellschaft 45
  - 1.6.6 Segeltour 47

1.7 Projektmanagement durch Nachhaltigkeit und innere Selbstbewegung — 49
1.7.1 Übersicht — 49
1.7.2 ZOPP – Zielorientierte Projektplanung — 49
1.7.3 Lean-Management — 51
1.7.4 Moser'sche Thesen zur Nachhaltigkeit und inneren Selbstbewegung — 51

2 Von der Philosophie zur Wirklichkeit — 57

2.1 Der Fragebogen — 57
2.1.1 Aufbau des Fragebogens — 57
2.1.2 Antworten zum Nachdenken — 61
2.2 Interpretation — 64
2.2.1 Allgemeines — 64
2.2.2 Innere Selbstbewegung — 66
2.2.3 Nachhaltigkeit — 73
2.2.4 Selbstlerneffekt — 97
2.2.5 Projektmanagementhilfsmittel — 103

3 Kooperatives Projektmanagement — 113

3.1 Überblick — 113
3.2 Projektkultur — 114
3.3 Kommunikatives Projektmanagement — 117
3.4 Projektmanagement als sozialer Prozess — 119
3.5 Management by Motivation — 122
3.6 Holistisches Informationssystem — 123
3.7 Nachhaltiges Projektmanagement — 126
3.8 Projektmanagementhilfsmittel — 128

4 Operative Strategien 131

4.1 Globales Konzept 131
    4.1.1 Allgemeine Hinweise 131
    4.1.2 Kritischer Zyklus 133
    4.1.3 Die Ressource Zeit 136
    4.1.4 Zahl der Besprechungsteilnehmer 139
    4.1.5 Innere Selbstbewegung 139
4.2 Branchenorientierte Konzepte 141
    4.2.1 Konzept für Anlagenbau und Bauwesen 142
    4.2.2 Konzept für Entwicklung und Software 145
    4.2.3 Konzept für Verwaltung und Dienstleistung 151
4.3 Organisationsorientierte Konzepte 154
    4.3.1 Konzept für Linienorganisationen 154
    4.3.2 Konzept für Matrixorganisationen 155
    4.3.3 Konzept für Projektorganisationen 156
4.4 Sonstige Konzepte 159
    4.4.1 Konzept bei hohem Fremd- und Materialanteil 159
    4.4.2 Konzept für kleine Projekte 160
    4.4.3 Konzept für große Projekte 161

5 Softwareprojekte 163

5.1 Projekt BBK 163
    5.1.1 Aufgabe 163
    5.1.2 Projektplanung 165
    5.1.3 Controlling 165
    5.1.4 Arbeitsweise 167
    5.1.5 Führungsstil 168
5.2 Krankenkasse 168
5.3 Projekt Migration 170
    5.3.1 Aufgabe 170
    5.3.2 Projektplanung 170
    5.3.3 Führungsstil und soziale Kompetenz 174

5.4 Projekt *pfiff* 177
5.5 Bewertung als kooperatives Projektmanagement 181
    5.5.1 Reflexion an den Moser'schen Thesen 181
    5.5.2 Reflexion an den operativen Strategien 182

Literatur **185**

Stichwortverzeichnis **187**

Der Autor **189**

1 Projektmanagement als Philosophie

1.1 Das Weltbild im Wandel der Zeit

1.1.1 Holistisches Weltbild

Für unsere Gesellschaft ist immer der Stand der Wissenschaft, allen voran die Naturwissenschaften, wertebestimmend gewesen. Unser Denken und Handeln, welches von unserem jeweiligen Wertesystem geprägt wird, änderte sich im Laufe der Zeit mit dem jeweils gültigen Paradigma. Vereinfacht könnte man statt Paradigma auch vom Weltbild sprechen, nur glaube ich, drückt dies noch zu wenig aus. Während das Weltbild eher sachlich orientiert ist, erhebt das Paradigma auch einen Anspruch auf geistige Werte, es bestimmt das jeweilige Wertesystem der Menschen und der Gesellschaft.

Ich möchte in diesem Buch zu einem neuen zeitgemäßen Projektmanagement hin führen und habe den Weg über ein neues, sich seit kurzem immer stärker herauskristallisierendes Paradigma gewählt, dem holistischen Paradigma, vereinfacht und auf deutsch gesagt, dem ganzheitlichen Weltbild. Projektmanagement hat etwas mit Menschen zu tun und Menschen leben mit einem Wertesystem, einer persönlichen und gesellschaftlichen Anschauung dessen, was richtig und falsch ist. Deshalb ist die Meinung, das Denken und das Handeln des Menschen, der im Projekt aktiv ist, maßgebend für ein zukunftsweisendes Projektmanagement. Aus diesem Grund möchte ich vorab die Thematik der Paradigmen und angrenzender Theorien behandeln.

Etwa seit der Zeit Newtons lebt unsere Gesellschaft in einem mechanistischen Paradigma, welches geprägt ist durch ein deterministisches Denken („*kenne ich A und B, dann kann ich daraus auf C schließen*"). Es beginnt etwa Mitte des 16. Jahrhunderts mit Johannes Kepler, Galileo Galilei und René Descartes und setzt sich Ende des 17. Jahrhunderts mit Isaac Newton und im 18. Jahrhundert mit Immanuel Kant fort. Aber erst im 19. Jahrhundert gewinnt dieses mechanistische

Paradigma mit Charles Darwin und Ludwig Büchner die entsprechende gesellschaftliche Akzeptanz. Seinen Höhepunkt fand dieses Paradigma Ende des 19. und Anfang des 20. Jahrhunderts.

Gleichzeitig beginnt Anfang des 20. Jahrhunderts mit Albert Einstein, Nils Bohr, Erwin Schrödinger, Werner Heisenberg und anderen Physikern das neue holistische Paradigma. Mit der Einführung der Quantenphysik kristallisierte sich dieses neue Paradigma heraus, das so genannte holistische Paradigma. Das holistische Paradigma verlangt eine ganzheitliche Betrachtung eines in sich geschlossenen Systems. Während beim mechanistischen Paradigma das jeweils betrachtete System eher punktuellen Charakter besitzt, geht das holistische Modell davon aus, dass eine langfristige Lösung nur durch die Betrachtung eines umfassenden Systems erreicht werden kann. So war beispielsweise das Wirtschaftssystem eines Landes mechanistisch orientiert, da es das notwendige Wachstum durch Exporte nach außerhalb des Systems realisierte. Wenn aber auch diese Exportmärkte erschlossen sind, würden sich Probleme für eine Dauerhaftigkeit ergeben. Um ein nachhaltiges Wirtschaftssystem zu besitzen, bedarf es einer holistischen Betrachtungsweise, d. h. die Wirtschaft eines Landes muss so geartet sein, dass sie aus sich selbst heraus und für sich existieren kann. Das gilt nicht nur für ein Land innerhalb eines Kontinents oder auf unserer Erde, sondern umfassender auch für die Erde als Ganzes in unserem Kosmos (hier sind wir ja noch nicht einmal in der Lage, diese wirklich zu verlassen, um außerhalb Ressourcen zu beschaffen).

Gegenstand dieses Buches ist es jedoch nicht, volkswirtschaftliche Zusammenhänge zu analysieren. Dieser Ausflug möge nur zur begrifflichen Veranschauung des mechanistischen und holistischen Paradigmas dienen. Wichtig ist aber eines:

> Zum holistischen Paradigma gehört,
> dass das System und seine Komponenten
> ein größtmögliches Maß an Nachhaltigkeit besitzen.

Nachhaltigkeit bedeutet, sparsam mit den vorhandenen Ressourcen umzugehen, im Idealfall sogar alle benutzten Ressourcen zu recyclen. Zu diesen Ressourcen gehören ganz allgemein in der Sprache des holistischen Weltbildes formuliert:

Das Weltbild im Wandel der Zeit

- Raum
- Zeit
- Materie
- Energie

Das Ziel eines idealen Systems wäre es, wenn der Verbrauch von Raum und Zeit, Energie und Materie minimiert wird, während der Gewinn dieses Systems, z. B. die Informationen, maximiert wird. Wenn ein System dies aus sich selbst heraus bewerkstelligen kann, spricht man von *innerer Selbstbewegung*.

Sie erkennen in den vier Begriffen sicherlich die von Albert Einstein formulierten Gedanken zum Thema Raum-Zeit-Kontinuum und $E=mc^2$, was Energie und Materie miteinander verknüpft. Raum und Zeit, Energie und Materie sind also die Grundbegriffe des kosmologischen, quantendynamischen Weltbildes, der Basis des neuen holistischen Paradigmas unseres 21. Jahrhunderts. Dieses Paradigma kennt nicht nur „*aus A folgt B*", sondern kennt umfassendere und ganzheitliche Betrachtungsweisen, in denen es lautet „*aus A folgt mit 99 Prozent Wahrscheinlichkeit B*" (99 Prozent sind willkürlich genannt). Das meint:

→ Es gibt nichts wirklich Absolutes und alles ist relativ und jede scheinbare „Wahrheit" muss hinterfragt werden.

1.1.2 Selbstorganisation und Chaos-Theorie

Ich sprach von Gesellschaft und Wertesystem und möchte nun kurz darauf eingehen, wie sich solche gesellschaftlichen Systeme verändern. Hierzu betrachten wir die Chaos-Theorie. Nach dieser entwickelt sich ein System zunächst konstant und evolutionär, bis es an einen Punkt gelangt, wo das für dieses System gültige Paradigma seine Gültigkeit verliert, und zwar auf Grund der veränderten Rahmenbedingungen oder der Ausschöpfung der Ressourcen (zu niedrige Nachhaltigkeit) oder einer fehlenden inneren Selbstbewegung, um nur einige Gründe für das Ende eines Paradigmas zu nennen. Am Ende einer solchen Ruhephase beginnt das Chaos (die Unordnung) zunächst sehr langsam und wird dann immer heftiger, wobei die verschiedenen Ansichten und Meinungen, Gefühle und Hoffnungen zwischen immer weiter divergierenden Grenzen schwanken. Die Gesellschaft und andere Systemkomponenten

14 Projektmanagement als Philosophie

polarisieren immer stärker. Wenn das Chaos besonders groß ist, um nicht zu sagen am größten bzw. nahezu vollständig ist, d. h. die Entropie[3] des Systems wächst, dann kristallisiert sich aus diesem Chaos quasi zufällig eine Lösung heraus, die für dieses System zu diesem Zeitpunkt und bei diesen Rahmenbedingungen die optimale ist. Und nun beginnt hier wieder eine ruhige evolutionäre Phase. Wie lang diese Phasen anhalten und wie lang das Chaos anhält, ist beliebig. Verschiedene Systeme unserer Gesellschaft und Wirtschaft zeigen allerdings Zeiträume, die typischerweise in der Größenordnung von 10 bis 20 Jahren bei der evolutionären Phase sowie 5 bis 10 Jahre bei der Chaosphase liegen.

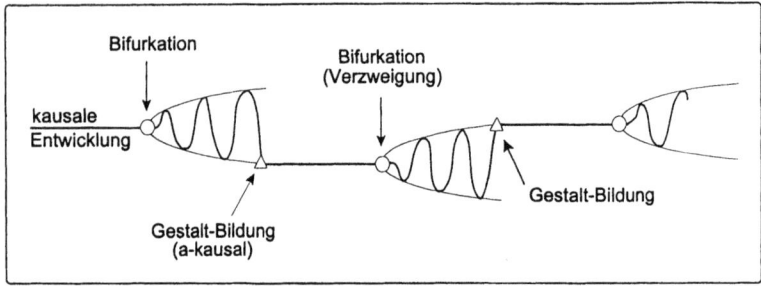

Abbildung 1: Kausale und akausale Entwicklung nach der Chaos-Theorie

Meiner Beurteilung nach befinden wir uns im Bereich des Projektmanagements jetzt inmitten der Chaosphase, nachdem die vorangegangene Chaosphase mit der Einführung der Netzplantechnik in den sechziger Jahren als der damals scheinbar besten Lösung endete. Die letzten drei Jahrzehnte haben dann die Netzplantechnik zur Blüte werden lassen. Insbesondere im letzten Jahrzehnt wurde aber auch immer deutlicher, dass diese für ein erfolgreiches Abwickeln eines Projektes allein nicht ausreicht, wenn sie überhaupt notwendig ist. Die Netzplantechnik ist keine Technik (der Name ist irreführend), sondern eine Methode, eine Methode der Zeitplanung, wobei die Zeitplanung als wichtigstes Element des Projektmanagements angesehen wurde. So das Paradigma

---

[3] In der Informationstheorie wird die Entropie als der Logarithmus der noch notwendigen Ja-Nein-Entscheidungen, um eine Information vollständig zu erhalten, definiert.

der vergangenen Jahrzehnte. Zur Zeit durchwühlen Unternehmen, Projektleiter und Projektmitarbeiter hilfesuchend die Theorien des Projektmanagements, der Führungsstile und anderer Themen, um eine praktikable Lösung für die Zukunft zu finden. Es bauen sich teilweise entgegengesetzte Glaubensbekenntnisse auf: Auf der einen Seite die Rationalisierung (Lean-Management und anderes) und auf der anderen Seite das würdevolle, menschliche Miteinander.

1.2 Warum kooperatives Projektmanagement?

Seit über zwei Jahrzehnten beobachte ich eine starke Diskrepanz zwischen den Modellen des Projektmanagements und der Praxis. Die Ursache mag darin liegen, dass die Modelle des Projektmanagements komplexe Systeme berücksichtigen, die von der Mitarbeiterführung bis zur Netzplantechnik reichen. Sie erheben einen hohen akademischen Anspruch. Statt dessen wird eher spontan gehandelt. Versuche von Unternehmensberatern, den einen oder anderen Aspekt durch Schulung und andere Maßnahmen in die Unternehmen zu tragen, stoßen nur selten auf Erfolg. Die Anforderungen an die Mitarbeiter und die Unternehmen hinsichtlich der Abwicklung von Projekten und sonstigen Vorhaben sind in den letzten Jahrzehnten durch die Globalisierung stark gewachsen. Bestehende Projektmanagementmodelle scheinen hier nicht mehr ausreichend zu sein. Meines Erachtens sind sie zu mechanistisch, um sich der neuen Situation entsprechend anpassen zu können.

Als in den fünfziger Jahren die Netzplantechnik entwickelt und in den sechziger Jahren populär wurde, glaubte man, das Nonplusultra für eine erfolgreiche Projektplanung und damit auch für ein erfolgreiches Projektmanagement gefunden zu haben. Der Ansatz war der Glaube, wenn ein Projekt nur vernünftig geplant wird – und hier stand ausschließlich die terminliche Planung im Vordergrund – dann wird das Projekt auch erfolgreich absolviert werden können.

Dieser Ansatz hat sich allerdings nicht bewahrheitet. Die Netzplantechnik ist aus verschiedenen Gründen wieder auf dem Rückzug.

Dieses Beispiel ist aber auch ein gutes Beispiel für die Notwendigkeit eines holistischen Ansatzes. Die alleinige Betrachtungsweise der Terminsituation reicht nicht aus, es müssen auch Kosten und Ergebnis (Qualität) einbezogen werden, und zwar auf einer Ebene. Ebenso gehören zu einem erfolgreichen Projektmanagement neben der Planung auch die Projektverfolgung und die Projektsteuerung, die beiden Letzeren sind auch unter dem Begriff Controlling bekannt. Eine Definition von Planung, Verfolgung und Steuerung besagt, dass Planung nur die Erstplanung ist, Projektverfolgung die Erfassung der Ist-Situation darstellt und Projektsteuerung schließlich aus den Unterbereichen Projektdiagnose und Steuerungsmaßnahmen besteht. In der Projektdiagnose werden aus Soll- und Istwerten analytische Werte ermittelt und mit Hilfe weiterer Informationen zu einer Diagnose verarbeitet. Als Konsequenz der Diagnose folgt entweder eine passive oder aktive Steuerungsmaßnahme. Die *passive* Steuerungsmaßnahme kann auch als Neuplanung bezeichnet werden und ist im Gedankengut der Projektmanager tief verankert. Eine passive Steuerungsmaßnahme bedeutet aber, dass man sich mit der bestehenden Situation abgefunden hat und quasi kapituliert. Die sich notwendigerweise ergebenen Folgen werden hingenommen. Die Aufgabe des Projektmanagers besteht lediglich darin, diese Situation den anderen mitzuteilen. Die *aktive* Steuerungsmaßnahme hingegen will die Situation so verändern, dass das ursprünglich gesetzte Ziel erreicht wird.

Projektmanagement besteht aus den vier Bereichen Projektorganisation, Projektplanung, Projektverfolgung und Projektsteuerung. Die letzten drei Bereiche können zur so genannten Projektabwicklung zusammengefasst werden und ich habe hierfür ein entsprechendes Konzept mit dem Namen PROAB (Projektabwicklung) entwickelt. Diese Bereiche werden im Wesentlichen durch IT-Systeme realisiert. Der Bereich Projektorganisation umfasst alle übrigen Rahmensituationen, die stark von menschlichen Faktoren abhängig sind:

Warum kooperatives Projektmanagement?

- Fragen der Organisationsform
- Organigramme und Stellenbeschreibungen
- Mitarbeiterführung und Managementsystem
- Durchführung von Besprechungen
- Zielvereinbarungen
- Administration
- Projektbüro
- Räumlichkeit
- Dokumentationswesen

Während ich 1993 noch davon ausging, dass die Projektabwicklung 80 Prozent eines erfolgreichen Projektmanagements ausmacht, habe ich mich im Laufe der Zeit bis 1996 selbst auf 70 Prozent korrigiert. Mittlerweile scheint ein noch geringerer Ansatz (30 bis 50 Prozent) realistisch.

Immer häufiger wird in deutschen Projekten sichtbar, dass die Art und Weise, wie Projektmanagement betrieben wird, nicht ausreichend ist. Immer wieder werden Projektmanagementseminare durchgeführt, immer häufiger wird versucht, diesem Missstand durch Einführung von Projektmanagementsoftware abzuhelfen. Letztere aber kann maximal die Bereiche Planung, Verfolgung und Steuerung abdecken, nicht den immer bedeutender werdenden Bereich der darüber hinaus reichenden Aspekte, die hier zur so genannten Projektorganisation zusammengefasst sind. Traditionell werden in deutschen Projekten Entscheidungen „aus dem Bauch" getroffen, weder existieren objektive Anhaltspunkte noch wird das Team in die Entscheidung einbezogen.

Die Phasen der Projektsteuerung sind:

- Erkennen
- Analysieren
- Reagieren

Doch statt diese Phasen zu beachten, um ein Projekt erfolgreich zu steuern, wird oft nur agiert[4] nach dem Motto des Projektleiters „*lasst uns mal machen, wenn es Schwierigkeiten gibt, helfe ich.*" Besprechungen in durch diesen Leitsatz geprägten Projekten haben oft Kaffeeklatsch-Charakter. Hinsichtlich Planung, Verfolgung und Steuerung heißt es dann oft[5]: „*Engt uns zu sehr ein, brauchen wir nicht, wir haben genügend Erfahrung.*" Aus diesen Aussagen folgt: Das Team macht es schon. Es gibt sogar Fürsprecher, die eine reine teamorientierte Projektabwicklung im Sinne der inneren Selbstbewegung befürworten bzw. vertreten. Ob dies allerdings wirklich so ist oder nur eine Alibibehauptung, bleibt dahingestellt. Eine andere Aussage zur Projektplanung, -verfolgung und -steuerung lautet: „*Es wäre ganz schön, sie zu haben, aber bloß nichts dafür tun.*" Hier haben wir einen widerspruchsorientierten Ansatz, viel Information gewinnen, aber keine Zeit dafür aufwenden. Vielfach kommt auch die Angst vor Festlegungen durch, weshalb eine systematische Planung des Projektes vermieden wird. Eine andere Aussage lautet: „*Hat ja gar keinen Zweck vorauszuplanen, kommt ja doch immer anders.*"

Es besteht also ein fundamentaler Unterschied zwischen Theorie und Praxis. Die klassische Theorie verlangt ein organisiertes, planerisches und kontrolliertes Vorgehen bei Projekten, während der Trend bei den

---

[4] Obwohl *agieren* eigentlich nur handeln heißt, hat sich meines Erachtens ein negativer Unterton in das Wort eingeschlichen, im Sinne des Einfach-drauflos-Handelns – ohne Sinn und Verstand. Dagegen bedeutet Reagieren, dass gehandelt wird, indem auf etwas zurückgegriffen wird (Re-). Im Falle der Projektsteuerung soll nämlich auf die Berichtsdaten und deren Analyse zurückgegriffen werden, die oftmals zum Handeln fehlen.

[5] Neben vielen anderen Fällen, in denen mir dieser Satz genannt wurde, habe ich selbst ein Beispiel in einem Softwareprojekt erlebt, bei dem ein Teilprojektleiter genau diese Meinung vertrat und nur widerwillig bereit war, den Forderungen eines externen QS-Beauftragten nachzugeben, wenigstens einen groben Zeitplan zu erstellen. Dieser Teilprojektleiter konnte oder wollte die Vorteile nicht erkennen. Ich hatte das Gefühl, er wollte sich nicht festlegen, weil er dann selbst hätte Leistung erbringen müssen, die überprüfbar gewesen wäre. Monate später wurde er vom Vorstand des Kunden aus dem Projekt genommen, weil zahlreiche Arbeiten im Bereich Qualitätssicherung und Konfigurationsmanagement – aus welchen Gründen auch immer – nicht erbracht wurden.

Projektmitarbeitern eher dahin geht, völlig zwanglos die Arbeit zu tun. Benötigt wird ein neues Projektmanagement, welches diesen Tatsachen besser Rechnung trägt.

1.3 Was soll Projektmanagement leisten?

1.3.1 Was ist ein Projekt?

Ein Projekt ist ein Vorhaben mit mindestens einem der drei nachstehenden Risiken:

- Kostenrisiko
- Terminrisiko
- Qualitätsrisiko

Sofern ein Vorhaben zum Routinegeschäft gehört und es sich nur um die Abwicklung von Vorgängen handelt, was Fleiß erfordert und eventuell auch Fachwissen, liegt kein Projekt vor. Erst wenn ein solches Vorhaben zeitlich eng begrenzt ist, könnte ein zeitliches Risiko entstehen. Ist ein zeitliches Risiko gegeben, dann spricht man von einem Projekt. Gleiches gilt für einen gesetzten Kostenrahmen und für das Erreichen einer bestimmten Qualität. Technische Entwicklung ist oft eine neue Herausforderung, die mit einem technischen Risiko (Qualitätsrisiko) verbunden ist. Vorhaben im laufenden Routinebetrieb erfordern zwar oft Zeitmanagement, nicht aber das viel umfassendere Projektmanagement. Dieses wird mit allen seinen Registern erst bei einem Projekt im obigen Sinne herangezogen.

Oftmals wird auch das *Ressourcenrisiko* erwähnt. Dieses tritt meist im Rahmen des Gesamtunternehmens ein. Während für einzelne Projekte meistens genügend Kapazitäten vorhanden sind, scheitert die gleichzeitige Bearbeitung aller Projekte an Ressourcenmangel. Im häufigsten Fall arbeiten die vorhandenen Ressourcen die Projekte mit 100 Prozent Einsatz ab. Dadurch werden einige oder alle Projekte verspätet fertiggestellt. Das Ressourcenrisiko lässt sich also in diesem Sinne vollständig auf ein Terminrisiko zurückführen. Um Termine dennoch zu halten, müsste man die Qualität reduzieren. In diesem Sinne wäre ein Qualitätsrisiko gegeben. Man könnte aber auch fremde Ressourcen hinzukaufen, die unter Umständen teurer sind als die eigenen, vor allem unter dem Gesichtspunkt des zusätzlichen Verwaltungs-, Einarbeitungs- und Kontrollaufwandes. In diesem Sinne hätten wir das Ressourcenrisiko auf ein Kostenrisiko reduziert. Es wird erkennbar, dass das Ressourcenrisiko nur ein Sekundärrisiko ist, welches sich auf mindestens ein, eventuell bis zu drei Primärrisiken zurückführen lässt.

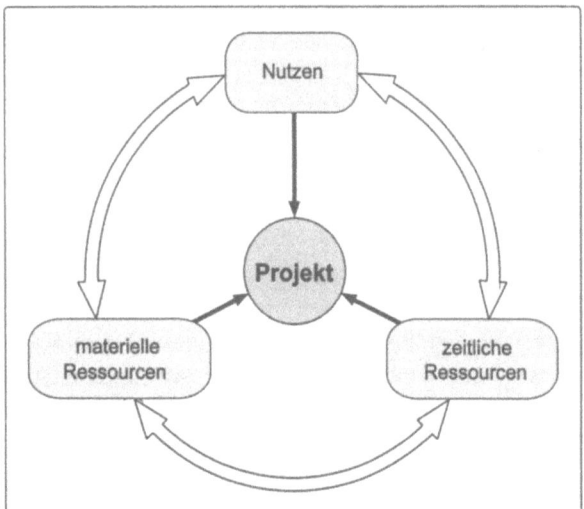

Abbildung 2: Das Projektrad

Diese drei Grundrisiken betreffen die drei Basiskomponenten des Projektmanagements, die in einem sogenannten Projektrad[6] dargestellt werden können. Wie einführend bereits erwähnt, soll das kooperative Projektmaangement insbesondere unter Berücksichtigung der Aspekte nachhaltiger Entwicklung betrachtet werden. So lässt sich das Projektrad in dieser Lesart wie in Abbildung 2 beschreiben: Materielle Ressourcen (Personalaufwand, Finanzmittel, Sachmittel) und zeitliche Ressourcen (Dauer, Termine) werden aufgewendet, um einen Nutzen zu erzielen (Ergebnis, Qualität).

---

[6] Erik Wischnewski, Modernes Projektmanagement, 7. Auflage, Vieweg 2001

1.3.2 Aufgabe des Projektmanagements

Aufgabe des Projektmanagements ist es, das Projekt innerhalb der geplanten Kosten, Termine und in der gewünschten Qualität[7] abzuwickeln. Dies widerspricht allerdings dem bisher offen gelassenen Ansatz zu einer Planung. Wenn es aber keine Planung eines Projektes geben soll, gibt es auch keine geplanten Kosten, keinen geplanten Termin und keine geplante Qualität. Hier wird also bereits mehr als deutlich, dass eine Planung aus heutiger Sicht kaum vermeidbar scheint, denn es wird kaum einen Auftrag oder ein Vorhaben geben, bei dem kein Kosten- und auch kein Terminrahmen gesetzt wurde und bei dem das Ergebnis dessen, was herauskommen soll, ebenfalls offen gelassen wird.[8] Akzeptieren wir aber diesen sehr allgemeinen Anspruch eines Projektes, dass eine bestimmte Leistung erbracht werden soll, dann ergibt sich hieraus meistens auch sofort ein terminlicher Rahmen, da die gewünschte Leistung zu irgendeinem beliebigen Zeitpunkt nicht mehr den Stellenwert hat, den man sich jetzt von ihr verspricht. Somit ergibt sich ein mehr oder weniger grober oder deutlich definierter Zeitrahmen, gegebenenfalls also ein klarer Endtermin.

Hinsichtlich der Kosten, wozu auch die Mitarbeiterstunden zählen sollen, wäre anzumerken, dass sie tatsächlich undefiniert bleiben können. Es ist durchaus vorstellbar, dass der Auftraggeber, dies kann ein externer Kunde oder auch eine eigene Abteilung im Unternehmen sein, hinsichtlich der Mittelbereitstellung alle Möglichkeiten besitzt. Es kann also sein, dass bei einem externen Kundenauftrag der Kunde über hinreichend große Geldmengen verfügt und die angefallenen Kosten, egal wie hoch sie sind, bezahlt. Ein gewisser Rahmen ist durch die Zahl der Teilnehmer und die Dauer, die vorgesehen ist, ja ohnehin gesetzt, sodass die Kosten nicht ins „Unendliche" steigen können.

Aber selbst dann, wenn Kosten im eigentlichen Sinne keine Rolle spielen, sondern lediglich der Zeitaufwand der Mitarbeiter relevant ist, kann der benötigte Aufwand durchaus ungeplant bleiben. Benötigt man

---

[7] Qualität schließt den Umfang mit ein. Dies ist in der Weise zu verstehen, dass nicht erbrachte Leistungsmerkmale (reduzierter Umfang) also einer verschwindenden Qualität („Nullqualität") gleichzusetzen sind.

[8] Verträge sind langfristige Planungen.

mehr Mitarbeiterstunden, so werden weitere externe oder interne Ressourcen eingesetzt. Oftmals ist bei internen Projekten zu hören: „*Die Kosten spielen keine Rolle, die Geschäftsführung will das und bezahlt den Aufwand.*" Dabei wird aber völlig außer Acht gelassen, dass der einzusetzende Aufwand aus dem vorhandenen Ressourcenpool zu decken ist. Wird der Aufwand größer und werden viele Projekte im Unternehmen verfolgt, so kann der Ressourcenpool sehr schnell ausgeschöpft sein. Nach vorgenannten Überlegungen würden nun zwar externe Ressourcen erschlossen werden können, jedoch müssen – wie oben berichtet – geeignete Ressourcen erst einmal gefunden und eingearbeitet werden. Da dies wiederum eine gewisse Zeit (unter Umständen Monate) in Anspruch nimmt, ist der vorhandene Ressourcenpool durchaus von Interesse und darf nicht überstrapaziert werden. Um die Termine oder die gewünschte Leistung sicherzustellen, ist es von großem Nutzen, die benötigten Ressourcen möglichst frühzeitig zu kennen. Insofern ist die Definition dessen, was ich will (Qualität), wann ich es will (Termin) und mit welchen Mitteln ich es will (Kosten), schon zu Projektbeginn relevant. Also ist per Definition hierdurch schon eine minimale Projektplanung vorhanden. Ob zu dieser Basisplanung noch weitere Details hinzukommen und wie detailliert Kosten, Termine und Qualität zu planen sind, steht auf einem anderen Blatt.

Komponenten des Projektmanagements im Sinne von Aufgaben einer Projektleitung sind:

- Planung von Kosten, Terminen und Qualität
- Controlling und Projektsteuerung
- Präsentation zum Kunden und zur Geschäftsführung
- Berichterstattung
- Teambesprechungen (Moderation)
- Entscheidungen (in Zweifelsfällen)
- Projektmarketing und Öffentlichkeitsarbeit
- Personalmanagement
- Schiedsmann/Schlichter (soziale Kompetenz)
- Technische Koordination
- Schnittstellen
- Qualitätssicherung
- Dokumentation
- Vertragswesen

1.3.3 Spiralmodell

Das Spiralmodell ist gut für das Ergebnis, also für die Qualität. Es ist jedoch nur anwendbar, wenn der Auftraggeber mit einem flexiblen Gesamtpreis einverstanden ist. Das heißt, es wird ein Schätzpreis abgegeben, der bei jeder Iteration, die durchlaufen wird, begründet korrigiert werden muss. Außerdem muss der Auftragnehmer Ressourcen vorhalten, um auf etwaige Änderungen reagieren zu können. Das Spiralmodell beginnt mit der Erstplanung (Ziel) einschließlich Konzept, es folgen die Ausführungsphase, die Kontrolle (Revision) und zuletzt die (Steuerungs-)Maßnahmen, die dann wiederum eine Überarbeitung des Konzeptes und der Planung mit sich bringen können.

Diese Revision findet zusammen mit dem Auftraggeber statt. Innerhalb des Projektes können aber während eines Entwicklungszyklus wiederum kleine Spiralmodelle entstehen, bei denen es um die Abstimmung zwischen Projektleiter und Mitarbeiter geht.

Die Erfahrung zeigt, dass die Dauer einer Iteration sehr unterschiedlich sein kann. Es gibt Aussagen, wonach sie nicht länger als vier Wochen sein sollte, andererseits scheint eine Anzahl zwischen fünf und zwanzig Iterationen angemessen. Damit würden Projekte von fünf bis zwanzig Monaten abgedeckt werden. Erlaubt man auch kürzere Iterationen von zwei Wochen sowie längere von drei Monaten, dann würden insgesamt Zeiträume von zwei Monaten bis fünf Jahre abgedeckt werden.

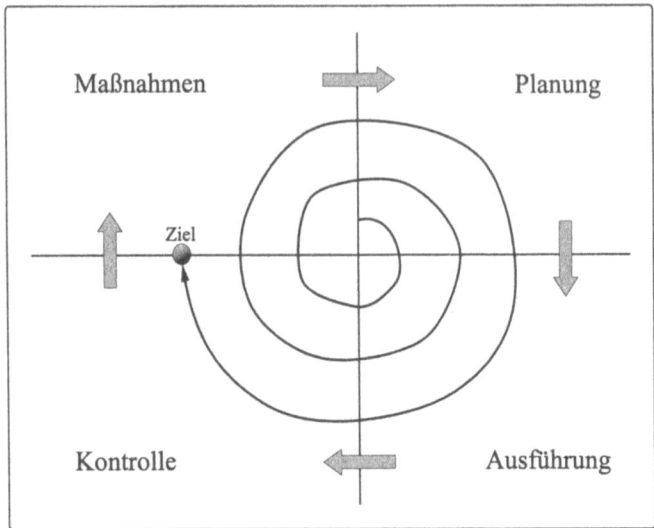

Abbildung 3: Das Spiralmodell der Projektabwicklung

1.3.4 Phasenmodell

Alternativ zum Spiralmodell gibt es das Phasenmodell. Das Phasenmodell ist gut für den Endpreis, aber das Erreichen des vorgesehenen Ergebnisses wird in Frage gestellt. Dies liegt an zwischenzeitlichen Veränderungen, an anfänglichen Unklarheiten, aber auch an Fehlentscheidungen (Veränderung des gewünschten Zieles). Beim Phasenmodell wird zunächst für das gesamte Projekt die Konzeptphase abgeschlossen, d. h. es wird klar definiert, was der Kunde will. In der anschließenden Definitionsphase wird das Ergebnis näher spezifiziert, die Ausführung festgeschrieben und ebenfalls mit dem Kunden abgestimmt. Dann folgt die längste aller Phasen, die Entwicklungsphase, in der das Produkt entsteht, aufbauend auf den vorangegangenen Phasen, dem Konzept und der Definition. Schließlich können weitere Phasen, wie beispielsweise die Beschaffungsphase (Serienreifmachung und Einführung) oder die Nutzungsphase, folgen. Ein typisches Phasenmodell dieser Art benutzt das Bundesministerium für Verteidigung (BMVg) bei der Einführung neuer Wehrtechnologien.

Was soll Projektmanagement leisten? 25

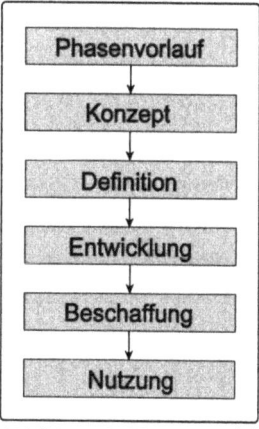

Abbildung 4: Phasenmodell

Keine Phase beginnt, bevor die vorherige Phase abgeschlossen ist. Diese Vorgehensweise wird vom öffentlichen Auftraggeber gern gewählt. Damit verbunden sind klare Vorstellungen über die notwendigen Kosten und die Termine. Wurde allerdings in der Konzept- oder Definitionsphase etwas vergessen oder hat sich die Situation zwischenzeitlich geändert, so leidet das Ergebnis darunter. Im Extremfall ist das erreichte Ergebnis nicht mehr mit dem vom Kunden gewünschten Ergebnis hinreichend deckungsgleich, sodass das Produkt oder das Dienstleistungsergebnis nicht abgenommen und die Zahlung verweigert wird. In diesem Fall ist beiden Seiten nicht geholfen, dem einen fehlt der Deckungsbeitrag, der anderen das Produkt.

1.3.5 Vergleich beider Modelle

Beim Spiralmodell werden Preis und Ergebnis nur schrittweise festgelegt. Ein Schritt ist in diesem Fall identisch mit einer Iteration. Störungen gibt es kaum, da Abweichungen, die bisher nicht eingeplant waren, zum Normalfall des Iterationsprinzips werden.

Beim Phasenmodell werden Preis und Ergebnis bereits zu Beginn des Projektes festgelegt. Daraus folgt: Alle Abweichungen sind Störungen, die dem einen Geld kosten oder dem anderen die Beeinträchtigung des Ergebnis bedeuten.

➜ Das bedeutet, dass das Spiralmodell offensichtlich das idealere ist, sobald das Ergebnis im Vordergrund steht, während das Phasenmodell Vorzüge aufweist, sobald feste Kosten im Vordergrund stehen. Außerdem ist die Notwendigkeit eines Frühwarnsystems beim Spiralmodell nicht so groß wie beim Phasenmodell.

Die in der Projektabwicklung (siehe Abbildung 3) verankerte Projektplanung befindet sich im Spiralmodell im ersten Quadranten (rechts oben). Die Projektverfolgung findet in der Reviewphase (Kontrolle im dritten Quadrant) statt. Die Projektsteuerung entspricht den Steuerungsmaßnahmen im zweiten Quadranten.

Spiral- und Phasenmodell können vereinigt werden, wenn eine Iteration als Phase bezeichnet wird. Eine Phase wird beispielsweise durch einen Meilenstein beendet. Der einzige Unterschied besteht dann lediglich darin, dass der Auftraggeber in dem einen Fall ganz zu Beginn die Gesamtkosten festgeschrieben haben möchte, das Risiko also voll beim Auftragnehmer liegt, und umgekehrt der Auftraggeber in einer fairen Kooperation die Randbedingungen, Kosten und Termine entsprechend dem veränderten Ergebnisziel variabel hält. Veränderungen in Preis und Termin müssen natürlich begründet sein. Beide Modelle werden wiederum einander näher gebracht, wenn zu Beginn ein nachvollziehbarer Schätzpreis und ein nachvollziehbarer geschätzter Endtermin angegeben wird, deren Veränderungen von Review zu Review nur im wohldefinierten und vom Kunden gewünschten Rahmen möglich sind. Ein gewisser Rahmen hinsichtlich des Kalkulationsrisikos muss natürlich auch dem Auftragnehmer frei bleiben.

1.3.6 Einkaufen aus Planungssicht

Wer kostengünstig einkaufen möchte, kann zwischen zwei Extremen wählen: Entweder man kauft täglich die benötigten Lebens- und Haushaltsmittel ein, oder man kauft ein Jahr im Voraus alles, was man glaubt zu brauchen. Letzteres mit dem Gedanken verbunden, dass bei einmaligem Kauf ein Rabatt von 30 Prozent gewährt wird, sodass die Mühen der Vorausplanung für ein ganzes Jahr durchaus adäquat belohnt werden.

Stellen wir uns jedoch unser tägliches Leben vor: Selbst wenn wir für ein Jahr alle Lebensmittel und sonstigen Hausratsartikel bevorratet hätten, ist kaum davon auszugehen, dass dieser Vorrat genau dem entspricht, was wir im Laufe des Jahres benötigen. Unvorhergesehener Besuch, unvorhergesehene Krankheiten sorgen für einen anderen Verbrauch als ursprünglich geplant (Störungen). Wie beim Phasenmodell, wo von Anfang an alles fertig geplant bzw. phasenweise erreicht wird, haben wir bei der Variante des Jahreseinkaufes die kostengünstigere Möglichkeit. Umgekehrt ist der tageweise Einkauf, der am ehesten dem Spiralmodell entspricht, besser für das Ergebnis, d. h. für die Befriedigung unserer Wünsche im Laufe des Jahres. Für den Geldbeutel allerdings bedeutet dies oftmals höhere Preise, nicht nur, weil der anfänglich erwähnte Rabatt von 30 Prozent entfällt, sondern auch, weil man meistens nicht den kostengünstigsten Anbieter wählen kann. Beide Extreme haben sich im täglichen Leben nicht bewährt.

Optimal hinsichtlich der Kosten und auch der Wunscherfüllung (Ergebnis) wäre wohl eine vierzehntägige Einkaufstour, bei der man in einem Großmarkt kostengünstig das für die nächsten vierzehn Tage Benötigte einkauft, eventuell einen Minimalvorrat für die nachfolgenden vierzehn Tage und zwischendurch sporadisch Sonderangebote nutzt (außerplanmäßige Reviews bei besonderen Vorkommnissen).

1.4 Projektplanung

Die Projektplanung kann sich nur auf den nächsten Tag oder auch auf die gesamte Projektdauer beziehen. Natürlich sind auch dazwischen liegende Planungszeiträume denkbar. Was ist also Projektplanung? Nicht nur das Vorausplanen der nächsten Arbeiten, sondern auch und vor allem die Beschreibung des Weges bis zum endgültigen Ziel, also bis zum Projektende. Projektplanung ganzheitlich betrachtet würde im Idealfall Projektverfolgung und -steuerung überflüssig machen, aber die tageweise Projektplanung benötigt dringend und unabdingbar eine Projektverfolgung und -steuerung. Dies soll am Beispiel einer Autofahrt von Hamburg nach München deutlich gemacht werden.

1.4.1 Autofahrt aus Planungssicht

Bei keiner Planung ginge die Fahrt lediglich von Kreuzung zu Kreuzung und man müsste an jeder Ecke erneut stehen bleiben und einen Blick auf die Karte werfen. Die vollständige Projektplanung umfasst die gesamte Route. Der Fahrer prägt sich diese ein oder vermerkt sie auf einem Routenplan. Theoretisch braucht ein Autofahrer, der seine gesamte Strecke vorab gut geplant hat, keine Projektverfolgung und -steuerung durchzuführen, er kann in einer Tour durchfahren.

Kann er das wirklich? Wie wir aus eigener Erfahrung wissen, gibt es Störungen verschiedenster Art. Beispielsweise ist das Kartenmaterial nicht mehr aktuell gewesen, bestimmte Straßenverläufe haben sich unvorhergesehen geändert. Auch gibt es Baustellen, weshalb Umleitungen notwendig sind, und schließlich behindern Staus das Vorankommen, weshalb ebenfalls andere Wegführungen sinnvoll wären.

Der Idealzustand wird also nicht eintreten, vielmehr wird ein vollständig durchgeplantes Projekt durch Störungen blockiert, der Projektleiter (sprich Autofahrer) muss also ständig sein Projekt, die Autofahrt, verfolgen und Steuerungsmaßnahmen einleiten.

Im Falle einer Fahrt von Kreuzung zu Kreuzung ist der Begriff Störung kaum noch angebracht. Eine Störung ist per Definition eine unvorhergesehene Abweichung vom Plan. Wenn der Plan aber nur den nächsten sehr kleinen und überschaubaren Abschnitt des Projektes (der Autofahrt) umfasst, kann es keine Störungen mehr geben. Ob es allerdings nützlich und sinnvoll ist, an jeder Kreuzung anzuhalten und die Karte zu studieren oder den Beifahrer damit zu beauftragen, sei dahingestellt.

Andererseits wird im Falle der vollständigen Planung und der eventuellen Staus auch die Notwendigkeit eines Frühwarnsystems erkennbar, denn je eher der Autofahrer von einem bevorstehenden Stau auf seiner Strecke weiß, umso besser kann er eine Ersatzroute auswählen. Steckt er erst einmal im Stau, ist der durch den Stau verursachte Nachteil groß. Eine vollständige Planung zu Beginn eines Projektes erfordert also gleichzeitig ein effektives Frühwarnsystem, um auftretende Störungen oder Abweichungen frühzeitig zu erkennen und die notwendigen Steuerungsmaßnahmen auf einem Minimum zu halten.

Projektplanung 29

Für ein allgemeines Projekt ist es wichtig, dass bei nicht vorhandener Gesamtplanung eine kontinuierlich stattfindende tageweise Abstimmung zwischen allen Projektbeteiligten erforderlich ist. Ohne Projektplanung müssen immer alle zusammenkommen, das aber widerspricht dem Prinzip der Nachhaltigkeit hinsichtlich Zeitaufwand, Raumaufwand, Energie (Stress) und Materie (Sachmittel, Geld). An späterer Stelle folgt eine Vermittlung zwischen diesen beiden Extremen der kontinuierlich tageweisen Planung und der vorausschauenden Gesamtplanung, indem nach einem geeigneten Zeitraum gesucht wird, der sich zwischen beiden Extremen (ein Tag und Gesamtprojektdauer) befindet, um ein Optimum zu erreichen.

1.4.2 Nachhaltigkeit durch langfristige Planung

Planung ist also die Definition des Zieles. Das Ziel ist normalerweise und zunächst einmal stabil und unveränderlich. Projektplanung muss wenigstens so weit gehen, dass das Ziel erkennbar ist (wichtig für das Spiralmodell). Langfristige Projektplanung ist wegen der rechtzeitigen Materialbeschaffung zu bestimmten Terminen und auch in bestimmtem Umfang, des Handwerker- bzw. Personaleinsatzes, der Mittelbereitstellung und anderer Punkte notwendig. Wenn dies erfolgen kann, spart das wieder Zeit und Stoffliches sowie Energie, eventuell auch Raum, was also alles im Sinne der Nachhaltigkeit ist!

Zeit wird dadurch eingespart, dass bei rechtzeitiger Bereitstellung von Material keine unnötige Wartezeit entsteht, insbesondere dann nicht, wenn die Lieferzeiten lang sind. Das gleiche gilt für den Einsatz von Personal und die Bereitstellung von Finanzmitteln. Die optimale Disposition des Materials kann den benötigten Lagerraum reduzieren. Eine langfristige Materialbeschaffung oder auch Mittelbereitstellung kann die Kosten senken, z. B. durch Vermeidung von Zinsen oder eine günstige Lieferantenauswahl. Durch langfristige Planung kann aber auch Energie reduziert werden, zum einen im physikalischen Sinne, wenn beispielsweise gewisse Maurerarbeiten nicht im Winter stattfinden, wenn Heizkosten sowohl für die Handwerker im Hause als auch für den Mörtel erforderlich wären, sondern auch Energie im biologischen Sinne, indem unnötiger Stress vermieden wird.

1.4.3 Softwareprodukt

Mir ist ein Projekt bekannt, bei dem ein Entwickler ein Programm von der existierenden DOS-Version auf die Windows-Plattform portieren sollte. Als Zeitraum war ein dreiviertel Jahr gesetzt worden. Da es sich hierbei um eine Eigenentwicklung handelte, war der Termindruck lediglich durch die Marktsituation gegeben, nicht durch einen Kunden oder einen Vertrag.

Der externe Entwickler nahm die ursprüngliche Planung nicht ernst genug und setzte nur etwa 25 bis 50 Prozent seiner eingeplanten Ressource ein. Als technische und moralische Unterstützung wurden verschiedene Hilfsmittel beschafft und Rechnungen vorab bezahlt. Als feststand, dass das terminliche Ziel bei weitem nicht erreicht werden kann, wurde die weitere Bezahlung an das Erreichen von Meilensteinen gekoppelt. Außerdem wurden Belohnungsprämien ausgesetzt, um die Motivation zu steigern.

Nach anfänglich positivem Trend nahm der Personaleinsatz des Entwicklers trotz dieser Maßnahmen langfristig nicht zu. Ein erheblicher Zeitaufwand entstand dem Entwickler für eigene Nachschulungen, weil die von ihm selbst eingeplante Qualifikation und Kenntnis über die Programmiersprache und die Problematik des Themas nicht eingebracht wurde.

Sowohl das Unternehmen, welches Geldmittel eingesetzt hat, ohne ein Ergebnis zu erhalten, als auch der Entwickler, der seine eigene Zeit ohne Wirkung geopfert hat, haben sich der Nicht-Nachhaltigkeit schuldig gemacht. Die Ressourcen Zeit und Energie wurden sinnlos vergeudet, im Falle des Unternehmers auch das Geld. Trotz Planung wurde keine Nachhaltigkeit erreicht, weil die Eingangsparameter nicht stimmten: Zum einen stimmte der Ressourcenpool nicht (geplant waren 20 MStd/Woche), zum anderen stimmte die Qualifikation nicht. Eine sorgfältigere Planung mit Überprüfung der Parameter wäre hier sinnvoll gewesen.

1.5 Innere Selbstbewegung und kybernetischer Regelkreis

1.5.1 Übersicht

Die innere Selbstbewegung ist beim kybernetischem Regelkreis bereits implizit und sicherlich unbewusst enthalten. Danach müssen der Projektleiter und die Projektmitarbeiter alles tun, um aus einem Projekt zu lernen. Dies aber beeinflusst die Dokumentation des Projektes, gegebenenfalls durch ein Softwaretool. Die Bedeutung der Begriffe Projektplanung, -verfolgung und -steuerung der Projektabwicklung nimmt also zu (unter diesem Gesichtspunkt).

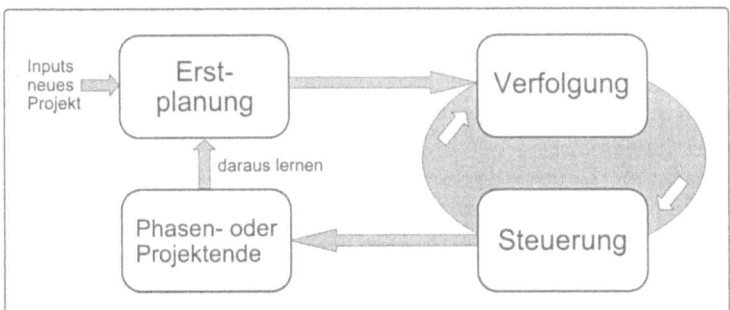

Abbildung 5: Kybernetischer Regelkreis der Projektabwicklung

Im Sinne der inneren Selbstbewegung wäre zu diskutieren, ob und warum ein Projektleiter notwendig ist.

1.5.2 Streitmacht aus Sicht innerer Selbstbewegung

Ausgangssituation: Die Soldaten einer Streitmacht mögen über ein Land gleichmäßig verteilt sein, durch eine Uniform gekennzeichnet, haben alle eine Liste sämtlicher der Soldaten des Landes und den gleichen Rang. Sie wissen ferner, dass sie das Land zu verteidigen haben. Was passiert nun?

Im Sinne der inneren Selbstbewegung wird sich der einzelne Soldat informieren, welche übrigen Soldaten in seiner Umgebung ansässig sind. Er wird sich mit diesen in Verbindung setzen, und sie werden ein Treffen vereinbaren, an dem etwa hundert Soldaten teilnehmen werden. Hierbei besprechen sie gemeinsame Strategien zur Verteidigung. Die Erkenntnis hierzu ist jedem Einzelnen gekommen, weil ihm klar geworden ist, dass einzelne Verteidigungsaktionen aufeinander abgestimmt werden müssen.

Ein Team von fünf Vertretern repräsentiert diese Ortsgruppe bei einem übergeordneten Treffen von zwanzig anderen Gruppen. Jetzt findet auf Regionalebene wieder ein Treffen von hundert Abgesandten statt. Aber auch die Regionalgruppe repräsentiert erst eine Gesamtheit von zweitausend Soldaten. Es muss also eine weitere übergeordnete Versammlung geben. Diese dritte Versammlungsebene würde in unserem Rechenmodell bereits vierzigtausend Soldaten repräsentieren, eine Vierte letztendlich bis zu achthunderttausend Soldaten. Vier Ebenen sind also zwingend erforderlich, um zwischen den einzelnen Soldaten und der Gesamtheit aller Soldaten eines größeren Landes eine ausreichende Kommunikation zu schaffen, eine ausreichende Abstimmung der Aktionen zu schaffen, eine gemeinsame Strategie zu entwickeln.

Damit aber hätten wir bereits die Dienstgrade Unteroffizier als Sprecher der Ortsgruppe, Leutnant als Sprecher der Regionalgruppe, Major als Sprecher der Landesgruppe und General als Sprecher der gesamten Streitmacht. Dies wäre gleichzeitig die minimale personelle Strukturierung. Nach diesem Prinzip der inneren Selbstbewegung wäre es selbstverständlich sinnvoll, möglich und notwendig, dass von Treffen zu Treffen einer jeden Versammlung die fünf Auserwählten jeweils andere Teilnehmer sind. Der Rang eines Leutnants oder Majors steht einem also nur für die einmalige Teilnahme an einer solchen Abstimmungsrunde zu.

So weit mag es im Friedensfall auch noch funktionieren. Dies betraf bisher nur die Planungsphase. Kommt es nun jedoch zum Angriff durch den Feind, und bricht der Krieg aus, so muss entsprechend der Planung und der Strategie das Land auch verteidigt werden. Da der Feind aber selbst intelligent ist und auf diese Aktionen und Strategien reagiert, ist es erforderlich, im Einzelnen wie im Großen, taktische Maßnahmen

Innere Selbstbewegung und kybernetischer Regelkreis 33

durchzuführen, die vorher nicht strategisch festgelegt wurden. Sofern es sich um eine Einzelmaßnahme des einzelnen Soldaten handelt, ist es problemlos. Sobald allerdings Abstimmungen zwischen den Soldaten erforderlich sind, müsste nach dem bisherigen Prinzip zunächst eine Sitzung einberufen werden, um über die neue Situation zu beraten. In der Zwischenzeit hat der Feind bereits die Schlacht gewonnen.

Hier wird also deutlich, dass in Notsituationen schnell gehandelt werden muss, und dass eine derart schnelle Entscheidung nur von einer einzelnen, dazu autorisierten Person geleistet werden kann. Dies wird aber in der Regel nicht dem Zufall überlassen sein, sondern es wird sich um eine Person handeln, die in der Vergangenheit bereits bewiesen hat, dass sie zu solchen Entscheidungen fähig ist. Es wird sich also um eine der Personen handeln, die sich in der Vergangenheit bereits als Sprecher herauskristallisiert und diese Aufgabe auch häufiger wahrgenommen hat. Somit entstehen also der Unteroffizier, der Leutnant und der General nicht nur für eine einzelne Sitzung, sondern für die gesamte Zeit, um im Ernstfall (Krisenfall, Notfall, Störungsfall) durch eine schnelle Entscheidung die Aufgabe zu erfüllen.

1.5.3 Ist der Projektleiter entbehrlich?

Stellen wir uns eine Versicherungsgesellschaft als Kunden vor, die ein Softwareprojekt durchführen möchte und hierfür fünf Software-Entwickler benötigt. Normalerweise würde die Geschäftsführung den Projektleiter als erstes einstellen, der sich dann um die Beschaffung der weiteren Mitarbeiter bemüht. In unserem Fall wird die Geschäftsführung nun also, ohne im Allgemeinen die nötige Fachkenntnis zu haben, fünf Entwickler einstellen, deren einzelne Schwerpunkte möglicher- bis sogar wahrscheinlicherweise für das Projekt nicht optimal aufeinander abgestimmt sind. So werden bestimmte Qualifikationen häufiger vorkommen, andere dafür fehlen. Wenn die Geschäftsführung bezüglich der Softwareentwicklung über hinreichend großen Sachverstand verfügt, mag dieses Vorhaben gelingen. Anderenfalls ist hier bereits der Misserfolg des Projektes vorprogrammiert, sofern die Geschäftsführung nicht den EDV-Leiter mit dieser Aufgabe beauftragt. Dann aber haben wir bereits die zentrale Funktionalität eines Projektleiters, zumindest in *Personalfragen*, und in diesem Falle wäre die These, dass ein Projektleiter unentbehrlich ist, bereits teilweise bewiesen. Üblicherweise beginnt ein solches Projekt mit einer Art Konzeptphase. Hier werden verschiedene Richtlinien, der grobe inhaltliche Rahmen und die Zielsetzung festgelegt. Solche Besprechungen benötigen einen *Moderator*. Ein Moderator soll neutral sein. Diese Rolle könnte deshalb von jedem Teammitglied wahrgenommen werden. Dann allerdings darf dieses Teammitglied seine eigene persönliche Meinung nicht mehr einbringen, was wiederum für das Projekt von Nachteil wäre. Andererseits muss ein Moderator seine Richtlinienkompetenz ausüben. Dies erfordert Weitsicht und Überblick, analytisches Denken und strukturiertes Vorgehen. Sollte ein Mitarbeiter diese Fähigkeiten besitzen, so wird er sich wahrscheinlich häufiger als Moderator bewähren und bald in dieser Funktion so etwas wie ein Projektleiter sein.

Die *Ergebnisse* des Teams müssen zusammengefasst werden, sowohl die Besprechungs- als auch die Arbeitsergebnisse. Auch dies kann wieder jedes Teammitglied leisten, allerdings sollte bedacht werden, dass dann jeder von der Arbeit des anderen einiges verstehen muss und sich nicht nur auf seine Aufgaben beschränken darf. Die Praxis zeigt, dass dies nicht jedem Entwickler möglich ist, weder zeitlich noch inhaltlich. So wird sich in der Praxis schnell ein bestimmter Mitarbeiter herauskristallisieren, der diese Befähigung in hervorragender Weise ausüben kann und die Ergebnisse des Teams für eigene Dokumentationszwecke oder *Repräsentationen* nach außen zusammenfasst. So ist also auch hier wieder in gewisser Hinsicht ein Projektleiter geboren.

Letztendlich kann es zwischen den Teammitgliedern Meinungsverschiedenheiten, ja sogar Streit geben, der nicht nur fachlicher, sondern auch persönlicher Natur sein kann. In diesem Fall muss geschlichtet werden, was zwar im Team gut erfolgen könnte, aber in der Regel gibt es auch hier einen Mitarbeiter, der eine besonders hohe *soziale Kompetenz* besitzt und sich somit in dieser Hinsicht als Projektleiter herauskristallisiert.

Schließlich muss der Kunde einen Ansprechpartner haben, um sich über den Stand der Arbeiten *informieren* zu können. Natürlich kann dies jedes Mal ein anderes Teammitglied durchführen, weil gegebenenfalls sogar vom Kunden besonders gewünscht. Dieser bekommt auf diese Weise aus verschiedenen Blickwinkeln von verschiedenen Leuten

Innere Selbstbewegung und kybernetischer Regelkreis

Basisinformationen, sodass der Wahrheitsgehalt der Informationen, die er erhält, besonders zuverlässig ist. Um allerdings alle Informationen integriert zu einer Gesamtaussage zu erhalten, müsste er alle Teammitglieder wiederum bei sich vereinigen, was den Rahmen einer solchen Besprechung oder Präsentation (beim Kunden) sprengen würde. Dies alles weist in Richtung Zusammenfassung der Teamergebnisse, wie oben bereits besprochen. Es werden sich also auch bezüglich der Kontakte zum Kunden bzw. zur Geschäftsführung schnell ein oder zwei Mitarbeiter herausstellen, die sich hervorheben.

Natürlich kann der Mitarbeiter mit besonders hoher sozialer Kompetenz, der zum Beispiel als der Schlichter im Projekt dienlich ist, ein anderer sein als derjenige, der die Teamergebnisse zusammenfasst und zum Beispiel dem Kunden gegenüber präsentiert. Wenn der Kunde in einem derartigen Meeting nun aber nach aufgetretenen internen Problemen fragt, dann kann genau dieser Teammitarbeiter hierüber keine Aussagen machen, da er nicht der Teamschlichter ist, muss diesen also hinzuziehen. Dieses Beispiel soll lediglich zeigen, dass Situationen im realen Projektleben schnell so geartet sind, dass verschiedene Projektleiteraufgaben, die von unterschiedlichen Teammitgliedern wahrgenommen werden, zeitlich und örtlich zusammenfallen. So wären wir dann wieder bei der Gesamtgruppenbesprechung angekommen, die sich aber, wie oben dargestellt, im Normalfall verbietet, insbesondere dann, wenn das Projekt größer ist oder mehr als fünf Mitarbeiter beinhaltet.

Schließlich gibt es in Projekten immer wieder *Zweifelssituationen*. Hier kann natürlich demokratisch abgestimmt werden. Sowohl die einfache als auch die absolute oder die Zwei-Drittel-Mehrheit könnten hier die entscheidenden Wege sein, die ein Projektteam geht. Entscheidet sich aber ein Projektteam aus fünf Mitarbeitern für die absolute Mehrheit, so müssten wenigstens drei Mitarbeiter für eine bestimmte Lösung sein. Sind aber nur zwei für Lösung A, zwei für Lösung B und einer für Lösung C, so müsste eine zentrale Person des Projektes (eben der Projektleiter) eine Entscheidung treffen. Oder es müsste der Kunde entscheiden, der jedoch möglicherweise nicht die nötige Fachkompetenz hat und zudem nicht die Notwendigkeit sieht, für das Projekt zu entscheiden.

Wichtig sind zudem *schnelle Entscheidungen*. Vielleicht sind einige Teammitglieder nicht immer vor Ort, sei es, dass sie regelmäßig anderenorts arbeiten oder auf Dienstreise, krank oder verhindert sind und somit das Gremium nicht entscheidungsfähig ist. Dennoch müssen Entscheidungen getroffen werden, da die Zeit fortschreitet. Es gibt zahlreiche denkbare Situationen, in denen schnelle Entscheidungen notwendig sind, und je schneller eine Entscheidung getroffen werden muss, um so weniger Personen dürfen daran beteiligt sein. Das Ganze tendiert also wieder in Richtung einer einzigen Person, dem Projektleiter.

Wie all diese kleinen Anmerkungen gezeigt haben, ist ein Projektteam durchaus ohne Projektleiter arbeitsfähig. Nur ist die benötigte Zeit für das Projekt deutlich länger als mit einer zentralen Führung, da sämtliche Abstimmungsprozesse langwieriger sind. Je länger aber ein Prozess dauert (z. B. ein Prozess der Abstimmung), um so geringer ist die Wahrscheinlichkeit, dass dieser Abstimmungsprozess erfolgreich endet. Die Entstehung eines Chaos wird immer wahrscheinlicher. Wenn man bedenkt, dass 60 Prozent der Softwareprojekte nicht beendet werden und von den übrigen 40 Prozent immerhin 90 Prozent das Doppelte der ursprünglich veranschlagten Zeit und der geplanten Kosten benötigen, zeigt sich deutlich das Dilemma, in welchem die Softwareprojekte stecken. Wenn hier also nicht alles getan wird, um Zeit und damit auch Kosten in den Griff zu bekommen und zu straffen, zu kürzen, zu optimieren, wird diese Statistik in Zukunft noch schlechter.

So kann ich mich bei aller Sympathie für eine innere Selbstbewegung innerhalb des Projektteams nicht für die Durchführung eines Projektes ohne Projektleiter entschließen. Der Projektleiter sollte weniger Experte in einzelnen Entwicklungstechniken sein als vielmehr den Überblick über die Entwicklungstechniken haben und alle zuvor genannten Eigenschaften in ausreichendem Maße mitbringen. Ferner muss er soziale Kompetenz besitzen.

1.6 Die sechs Gebote

Wichtige Aspekte des Projektmanagements werden in Form von sechs Geboten formuliert, die unbedingt einzuhalten sind, damit ein Projektmanagementsystem, im Wesentlichen bestimmt durch seine Software, erfolgreich Anwendung findet.

1.6.1 Die sechs Gebote und ihre Nachhaltigkeit

Das *erste* Gebot verlangt eine strenge Strukturierung[9] der Projektarbeiten als Basis für alle weiteren Planungs- und Managementaktivitäten. Hier geht es also um die Notwendigkeit der Arbeitspaketnummer und des Arbeitspakettitels, insbesondere aber der Arbeitspaketnummer mit streng hierarchischem Gliederungsaufbau. Für die Erstellung einer solchen Struktur bedarf es Zeit. Diese Ressource (Zeit) steigt also im Verbrauch. Der Verbrauch an Raum und Materie dürfte annähernd unabhängig von der Frage der strengen strukturierten Ordnung der Arbeiten sein. Die verbrauchte Energie dürfte allerdings auch steigen, da die Erarbeitung einer solchen Struktur eine Menge Konzentration erfordert. Auf der anderen Seite hat man aber auch einen Gewinn an Informationen. Durch das Vorhandensein eines Projektstrukturplanes sind alle Informationen belastbarer, etwa wegen der besseren Abgrenzung zueinander. Außerdem sind die Arbeiten übersichtlicher aufgeführt, für Außenstehende ist die Verständlichkeit besser. Die Eindeutigkeit ist gewachsen. Daraus resultiert, dass der Zeitaufwand für Rückfragen und bei Besprechungen deutlich niedriger liegt. Auch der Energieverbrauch sinkt, denn durch Vermeidung von Unklarheiten und Ungenauigkeiten verringert sich auch der Stress. Unter dem Strich wird dieser Zeit- und Energiegewinn von mir höher bewertet als der Zeit- und Energiemehraufwand zu Beginn. Eine Planung mit einem streng hierarchischen Strukturplan ist also nachhaltiger als eine Planung, bei der die Arbeiten lediglich chronologisch oder alphabetisch sortiert in einer Liste stehen.

---

[9] in der Literatur irritierenderweise als „Strenge Hierarchie" bezeichnet

Das *zweite* Gebot verlangt, dass sowohl bei der Planung als auch bei der Berichterstattung und der Projektsteuerung ein Minimum an Aufwand betrieben wird. Dieses Gebot erfüllt selbstredend die Forderung der Nachhaltigkeit und bedarf keiner gesonderten Diskussion.

Das *dritte* Gebot fordert die einfache Handhabung aller Hilfsmittel und Techniken. Auch dieses Gebot entspricht unmittelbar der Nachhaltigkeit und bedarf ebenfalls keiner ausführlicheren Diskussion.

Das *vierte* Gebot verlangt die ständige Aktualität der Daten. Um dies zu erreichen, muss mehr Zeit für die Erfassung der Daten aufgewendet werden. Auf der anderen Seite aber sinkt auch der Zeitbedarf für Diskussionen um die Zuverlässigkeit der Daten. Schließlich sind Informationen auf der anderen Waagschale um so belastbarer, je aktueller sie sind, was der Nachhaltigkeit wieder zu Gute kommt.

Das *fünfte* Gebot verlangt eine Trendanalyse. Da eine solche Trendanalyse heutzutage in der Regel von der EDV durchgeführt wird, ist der dadurch bedingte Mehraufwand an Zeit und Stofflichem sowie Energie derart unbedeutend, dass er vernachlässigt werden kann. Andererseits sinkt der Zeitaufwand für Diskussionen, da diese zusätzlichen Informationen hilfreich zur Seite stehen. Außerdem steigt der Informationsgehalt auch dadurch, dass konkrete Hinweise auf notwendige Maßnahmen gegeben werden. Auch dieses Gebot entspricht also dem Prinzip der Nachhaltigkeit.

Das *sechste* Gebot erwartet eine Störungserfassung, genauer gesagt eine systematische Störungserfassung. Der Zeitbedarf für diese Erfassung ist relativ hoch, allerdings reduziert sich dadurch der Zeitbedarf für Sachdiskussionen und die für die Steuerungsmaßnahmen, da die Ursachen klar sind. Alles zusammen genommen gehe ich davon aus, dass der Zeitbedarf etwa derselbe bleibt, obwohl mir Erfahrungen vorliegen (AEG), bei denen durch diese Systematik sogar ein Zeitgewinn verbucht werden konnte. Außerdem muss angemerkt werden, dass die Kenntnis von Störungen notwendig ist, um überhaupt eine Steuerungsmaßnahme im Sinne der inneren Selbstbewegung durchführen zu können. Die Energie steigt, da Auseinandersetzungen um die Schuldfrage entfacht werden. Andererseits sinkt sie aber auch bei den Steuerungsmaßnahmen, sodass auch hier nur eine Verschiebung vorliegt und in der Summe von plus/minus Null auszugehen ist. Wird allerdings

Die sechs Gebote 39

die Schuldfrage auf elegante Weise entschärft, kann auch hier ein deutlicher energetischer Gewinn zu verbuchen sein.

Hinsichtlich der Störungserfassung lässt sich noch die Frage diskutieren, was überhaupt eine permante Erfassung bzw. Statistik gegenüber einer temporären bringt.

Temporäre Störungserfassung bedeutet:
Erfassen → Reagieren → Vergessen.

Permanente (DV-mäßige) Erfassung bedeutet:
Erfassen → Reagieren → Merken.

Und schließlich folgt durch das Merken wiederum ein Reagieren; das Ganze ist dann ein kybernetischer Regelkreis im Sinne der inneren Selbstbewegung. Das bedeutet: Lernen aus der Summe von Störungen. Es heißt ferner Einsparung von Ressourcen für künftige Projekte (Nachhaltigkeit). Schließlich bedeutet es auch eine Kostenerstattung beim laufenden Projekt, wenn beispielsweise die Ursachen beim Kunden nachgewiesen werden können. Der Zeitbedarf für eine permanente Erfassung mit EDV-Hilfsmitteln ist geringfügig größer, die dadurch gewonnene Informationstiefe (Informationsgehalt) wesentlich größer.

1.6.2 Die sechs Gebote und das Hamburger Verständlichkeitskonzept

Die Anfänge der sechs Gebote wurden 1985 formuliert und 1988 im Handbuch der Projektmanagementsoftware SUPRA als „*Prinzipien der Projektanalyse*" veröffentlicht. Zu diesem Zeitpunkt war mir das Hamburger Verständlichkeitsmodell noch unbekannt. Um so interessanter war es dann, als 1997 die unabhängig davon durch die Praxis des Projektmanagements bei AEG empirisch gefundenen Gebote mit dem Verständlichkeitskonzept verglichen wurden:

Abbildung 6: Vergleich der sechs Gebote des Projektmanagements nach Wischnewski mit dem Hamburger Verständlichkeitskonzept nach Tausch

Der gedankliche Ursprung der sechs Gebote ist im Berichtswesen zu suchen, bei dem ich mir die Frage stellte, wie sichergestellt werden kann, dass kontinuierlich Fortschrittsberichte erstellt werden, die dem Projektleiter für die Projektsteuerung nützlich sind.

Die mir vorgelegten Fortschrittsberichte waren üblicherweise schon vom Aufbau des Formulars zu kompliziert. Auch die darin eingetragenen Formulierungen waren schwer zu verstehen. Für die Informationsübermittlung vom Mitarbeiter zum Projektleiter gemäß dem Hamburger Verständlichkeitskonzept ist eine *Einfachheit* in der sprachlichen Formulierung erforderlich. Dieses würde übertragen auf einen Fortschrittsbericht bedeuten, dass die Handhabung des Berichtes selbst einfach sein muss. Ferner muss beim Lesen des ausgefüllten Berichtes die Information leicht entnommen werden können. Das Gebot nach einfacher Handhabung soll genau dies erreichen.

Die sechs Gebote

Um Informationen erfolgreich transportieren zu können, erfordert das Hamburger Verständlichkeitskonzept eine saubere *Gliederung* und *Ordnung* im Aufbau des Textes. Das bedeutet übertragen auf unser Projektmanagement, dass die Aufgaben des Projektes klar strukturiert sein müssen, damit sowohl der Sender genau weiß, worüber er spricht, als auch der Empfänger weiß, worauf sich die Information bezieht, und beide die verschiedenen Informationen, die hier zusammengetragen werden, klar voneinander abgrenzen können. Diese Strukturierung muss auch bis in den Bericht hineinreichen.

Schließlich fordert das Hamburger Verständlichkeitskonzept *Kürze und Prägnanz* statt weitschweifender Ausführungen. Dies bedeutet letztendlich, dass die Aufmerksamkeit eines Lesers nur für eine gewisse Zeit gegeben ist und in dieser dann auch wesentliche Informationen enthalten sein müssen. Ferner kann sich ein Leser nur in einem gewissen Maß auf eine inhaltliche Aussage konzentrieren und verliert den roten Faden bei weitschweifenden Ausführungen. Deshalb ist es notwendig, dass der erforderliche zeitliche Aufwand für die Erstellung und das Lesen eines Berichtes möglichst kurz ist. Dies wird durch Fortschrittsberichte, die zu unendlich vielen Punkten unendlich lange Prosa erwarten, mit Sicherheit nicht erreicht. Deshalb waren die mir seinerzeit bei der AEG vorgelegten Fortschrittsberichte auch ungeeignet und wurden nicht akzeptiert. Der Aspekt des minimalen Aufwandes wurde hauptsächlich in zeitlicher Hinsicht aber auch in Hinsicht auf psychische Energie (Stress) nicht beachtet.

Ferner fordert das Hamburger Verständlichkeitskonzept *zusätzliche Stimulanz*, d. h. anregende Stilmittel, um das Lesen der dargebotenen Information interessant zu gestalten und spannend zu machen. Die in den Geboten Trendanalyse und Störungsanalyse geforderten Maßnahmen innerhalb eines Projektmanagements sind zwar nicht dazu erfunden worden, um das Berichtswesen zum Krimi zu machen, erfüllen aber im Nachhinein betrachtet durchaus diese Funktionalität. Gespräche mit Projektleitern, die das Konzept anwenden, zeigen immer wieder, dass sie mit Spannung auf die Trendanalysen schauen und sich mit Vorliebe für die gemeldeten Störungen interessieren. Diese sind für viele der Anreiz, sich dann mit dem Rest der Berichte auseinander zu setzen.

Schließlich existiert das Gebot, dass die Informationen möglichst aktuell sein müssen. Dies lässt sich nicht direkt in das Hamburger Verständlichkeitskonzept integrieren, ist aber auch kein Widerspruch. Stellen wir uns einmal vor, die Informationen wären „asbach-uralt" und völlig überholt, dann würden sie niemanden mehr richtig interessieren, und es würde der Effekt der Antistimulans entstehen. Es ist zwar nicht Bestandteil des Hamburger Verständlichkeitskonzeptes, dass Antistimulanzen, also „Langweiligmacher", nicht enthalten sein dürfen, aber implizit mag man dies zwischen den Zeilen wohl doch herauslesen.

1.6.3 Ressourcen-Planung

Bei der Ressourcen-Planung geht es um eine Einsatzplanung der Mitarbeiter. Hier stehen folgende Fragen im Vordergrund:

- Wer ist wann verfügbar?
- Habe ich ausreichend Personal?
- Was wird wann durchgeführt?

Diese Fragen sind sowohl für ein Projekt als auch für alle Projekte einer Firma in ihrer Gesamtheit von Bedeutung.

Um die Frage „*Wer ist wann verfügbar?*" beantworden zu können, müssen zum einen alle Mitarbeiter eines Unternehmens erfasst werden, und zum anderen muss für jeden Mitarbeiter jede Aufgabe und jedes Projekt erfasst sein. Außerdem müssen Urlaub, Krankheit, „Kranklaub" usw. umgehend verfügbar sein. Wegen des enormen Zeitaufwandes für die Erfassung dieser Daten ist eine derartige Einsatzplanung des Personals nicht besonders nachhaltig. Dennoch ist sie sehr nützlich, und es bleibt der Praxis vorbehalten, ob nicht durch die deutlich größere Transparenz eine um so effektivere Arbeit möglich ist, die dann das Prinzip der Nachhaltigkeit wieder in Ordnung hält.

Die Frage „*Wer ist wann verfügbar?*" lässt sich beispielsweise mit Hilfe von Kapazitätskurven, die für jede einzelne Ressource erstellt werden kann. Anhand dieser Kurve erkennt der Manager, zu welchen Zeiten die Auslastung weniger als 100 Prozent beträgt. Zu diesen Zeiten ist die entsprechende Ressource dann verfügbar.

Die Frage, ob genügend Mitarbeiter für ein Projekt zur Verfügung stehen, ist eine pauschale Frage. Sie lässt sich ebenfalls anhand der Kapazitätskurven, diesmal nicht für einzelne Ressourcen, sondern für das Gesamtprojekt, beantworten. Die Frage „*Was wird wann durch-*

geführt?" interessiert vor allem den einzelnen Mitarbeiter. Nachdem zunächst für jedes einzelne Projekt ein Strukturplan und ein Zeitplan aufgestellt wurde, ergibt sich zwangsläufig für jeden einzelnen Mitarbeiter, dass dieser für bestimmte Aufgaben in bestimmten Projekten zu bestimmten Zeiten zur Verfügung stehen muss und es auch in den vorgesehenen Zeiträumen schaffen muss, die Arbeit zu erledigen. Dies engt den Mitarbeiter sehr ein, es verhindert flexibles Handeln, es besteht keine Chance zur inneren Selbstbewegung, Innovation ist nicht möglich. Andererseits muss aber nach einem Weg gesucht werden, die durch die Projektplanung vorgegebene Notwendigkeit einer zeitlich orientierten Abarbeitung der Tätigkeiten bei gleichzeitiger innerer Selbstbewegung und flexiblem Handeln zu bewerkstelligen.

Projektmanagementprogramme stellen oft für jede Ressource eine Tabelle zur Verfügung, der die Arbeiten chronologisch geordnet entnommen werden können. Wenn eine zeitliche Zuordnung innerhalb der einzelnen Vorgänge fehlt, ermöglicht dies dem einzelnen Mitarbeiter, die ihm anvertrauten Arbeiten selbst zu koordinieren. Hierdurch wird dem Mitarbeiter eine gewisse Verantwortung für die zeitliche Abfolge und somit eine Abstimmung mit anderen Mitarbeitern des Projektes auferlegt. Dies fördert also die innere Selbstbewegung, obwohl der damit verbundene Zeitaufwand für eine geringere Nachhaltigkeit sorgt.

1.6.4 Berichtswesen

Der Grundsatz der Nachhaltigkeit verlangt beim Berichtswesen, dass alle notwendigen Informationen geliefert werden, wobei der benötigte Zeitaufwand minimal werden sollte. Dies wird zum Teil dadurch erreicht, dass die Anzahl der Informationen möglichst gering ist. Die minimalste Informationsbreite wäre *eine* Information pro Risiko, also eine Information zu den Kosten, eine zu den Terminen und eine zur Qualität. Die Information zum Termin ist relativ einfach zu erhalten: Für jeden Vorgang gibt es nur ein Anfangstermin-Ist und das jeweils aktuelle Berichtsdatum. Komplizierter wird die Nachhaltigkeit bei den Kosten. Zu diesen zählen die Eigenleistung und die Fremdkosten. Die Verwaltung der Fremdkosten kann gegebenenfalls entfallen, sodass nur die Eigenleistungen erfasst werden müssen. Diese können in einzelne

Ressourcen unterteilt werden, müssen aber nicht. Im einfachsten Fall ist also nur eine einzige Zahl, nämlich die Anzahl der Mitarbeiterstunden im letzten Berichtszeitraum, anzugeben. Dies würde dem Prinzip der Nachhaltigkeit voll entsprechen. Würde es allerdings für notwendig empfunden, dass die Planung mit verschiedenen Ressourcen durchgeführt wird, im Extremfall für jeden einzelnen Mitarbeiter, so hat auch die Istwerterfassung mit der entsprechenden Tiefe zu erfolgen. Die minimalste Informationstiefe beim technischen Stand ist der erreichte Fortschrittsgrad. Wird dieser auch noch über verschiedene Aktivitäten differenziert angegeben, so können der Projektleiter und das Team die Arbeiten auch innerhalb der Vorgänge relativ gut verfolgen. Diese Verfolgung ist allerdings nur quantitativ möglich, eine qualitative Bewertung fehlt.

Tritt während der Arbeit eine störungsartige Situation ein, so werden diese außergewöhnlichen Vorkommnisse im integrierten Störungswesen erfasst. Insofern ist auch eine qualitative Bewertung der Arbeit und des Fortschritts gegeben. Handelt es sich aber um Situationen, die nicht die Bedeutung einer Störung haben, sondern sich im üblichen Rahmen der jeweiligen Arbeit bewegen, so würde diese qualitative Bewertung untergehen.

Um auch eine qualitative Bewertung in einem Situationsbericht zu erhalten, müsste Prosa eingetragen werden. Diese Prosa wäre subjektiv verfasst und kann leicht zur Verfolgung politisch-wirtschaftlicher Ziele benutzt werden. Aus diesem Grunde ist ein solches Berichtswesen nicht empfehlenswert. Im Sinne der Nachhaltigkeit und inneren Selbstbewegung müssen allerdings alle sachdienlichen Informationen dem Projektteam kundgetan werden, sodass hier zwei Interessen aufeinander stoßen, die einer besonderen Bewertung bedürfen. Es wird die in den Fortschrittsberichten fehlende qualitative Bewertung der laufenden Arbeiten durch die allgemeine Kommunikation in Form von Rundgängen, Zweiergesprächen und Teambesprechungen (Routinesitzungen) ersetzt. Im Zuge der zunehmenden elektronischen Informationsübermittlung (E-Mail, Internet/Intranet, Groupware) werden die persönlichen Kontakte vermutlich in den nächsten Jahren und Jahrzehnten abnehmen. Sie werden ersetzt durch elektronische Kontaktaufnahmen. Aus diesem Grunde ist ein Register „Situationsbericht" unbedingt erforderlich. Die dafür benötigte Zeit ist gering gegen den Zeitgewinn, der für nicht mehr benötigte Besprechungen entsteht und der sich durch nicht mehr anfallende Wegezeiten offenbart. Besprechungen sind bei Projektteilnehmern, die örtlich weit voneinander entfernt arbeiten, ohnehin die Ausnahme. Die Kommunikation findet bestenfalls per Telefon statt, was aber bei sehr beschäftigten Personen oft dazu führt, dass es zu keinem Telefonkontakt kommt (häufige vergebliche Telefonversuche). Durch die elektronische Korrespondenz kann die Mitteilung auf jeden Fall abgesetzt werden, ähnlich einem zugesandten Faxschreiben. Im Gegensatz zum Faxschreiben, das nur an einen Adressaten geht, steht die elektronische Mitteilung, wenn gewünscht, jedoch allen Teammitgliedern gleichzeitig zur Verfügung. Dies allerdings fordert wieder von allen Teammitgliedern eine gewisse Zeit zum Lesen aller Mitteilungen und zum Bewerten, ob diese Mitteilung für sie relevant ist oder nicht. Dieser Nachteil wird aber dadurch wieder wett gemacht, dass sonst untergehende Informationen, die für ein bestimmtes Teammitglied wichtig sind, nunmehr das Teammitglied auch erreichen. Summa summarum mag also insgesamt ein Zeitvorteil zu verbuchen sein. Inwieweit die gegebenen Informationen nun allerdings belastbar sind (siehe oben gemachte Bemerkung über politische Verfärbung), wäre zu diskutieren.

Selbst wenn alle Bedenken, die sich gegen eine prosahafte Situationsberichterstattung auftun könnten, gegenstandslos sind, bliebe die Frage zu erörtern, inwieweit der nunmehr nachlassende persönliche Kontakt einer effektiven Projektarbeit entgegensteht. Es darf die potentielle Kraft, die durch die persönliche Chemie der Mitarbeiter untereinander (aber auch Lähmung, wenn keine einheitliche Chemie vorhanden) entsteht, nicht außer Acht gelassen werden.

An dieser Stelle greift die Frage nach einem neuen Projektmanagement Hand in Hand mit der Frage nach einem neuen Führungsstil. Der neue Führungsstil muss der zunehmenden Verbreitung der elektronischen Informationsübertragung in starkem Maße Rechnung tragen.

1.6.5 Wohnungsbaugesellschaft

Im Beispiel einer staatlichen Wohnungsbaugesellschaft, die im größeren Rahmen ihre Objekte zu sanieren hat, werden die Arbeiten fremd vergeben. Da Festkostenpreise vereinbart werden, ist die Verfolgung der

Kosten relativ unbedeutend. Außerdem sind diese Kosten erst wesentlich nach Leistungserbringung bekannt, da die ausführenden Firmen nur sehr sporadisch nach Beendigung eines Bauabschnittes Rechnungen stellen und diese oftmals erst 4 bis 6 Wochen später eingehen. Es ist dem Auftraggeber (Projektleiter) also nicht bekannt, wieviel Arbeitsaufwand oder Kosten zu einem bestimmten Datum angefallen sind. Zum anderen wird in diesem Unternehmen die Bestimmung des Fortschrittsgrades zu einem bestimmten Zeitpunkt dadurch erschwert, dass die Verantwortlichen kaum Gelegenheit haben, hinreichend häufig zu den Baustellen zu fahren. Ideal wäre, wenn die Auftragnehmer verpflichtet werden, wöchentlich Fortschrittsgrad und den beabsichtigten abzurechnenden Aufwand in Form kurzer Berichte per Fax oder elektronischer Informationsverbreitung mitzuteilen.

Es müsste für eine solche Situation überlegt werden, ob der Fortschrittsgrad durch eine andere geeignete Form ersetzt werden kann, um wenigstens eine annähernd genaue Terminanalyse zu ermöglichen. Auch ist zu überlegen, ob eine Terminanalyse ohne Fortschrittsgrad erreicht werden kann. Es gibt verschiedene Modelle der Berichterstattung, die je nach Tiefe unterschiedliche Auswirkungen auf den Frühwarneffekt und die Belastbarkeit der Informationen haben. Wenn in diesem Unternehmen aber die Erfassung eines Fortschrittsgrades und die Erfassung des Ist-Aufwandes fast unmöglich erscheint, ist zu überlegen, ob überhaupt eine Planung erforderlich ist oder ob es nicht ausreicht, das Gewerk global beschrieben an einen Auftragnehmer zu vergeben, wobei als Fertigstellungstermin die Angabe des Subunternehmers akzeptiert bzw. gegebenenfalls noch verhandelt wird. Da aber seitens dieser Wohnungsbaugesellschaft eine Verfolgung kaum möglich ist, ist auch der Aufwand für eine Planung überflüssig.

Die Praxis in diesem Unternehmen zeigt nun allerdings, dass die Projekte sich wesentlich verzögern und der Mittelabfluss nur 30 Prozent des gewünschten beträgt, was in diesem Falle tragisch ist, weil es den öffentlichen Haushalt betrifft. Hieraus resultiert also die eindeutige Notwendigkeit einer umfassenden Planung und Projektverfolgung aller Sanierungsvorhaben.

Welche Bedeutung hat nun das Berichtswesen (die Informationsbeschaffung überhaupt, wenn wir von Projektsteuerung sprechen)? Vergleichen wir es mit einem Kapitän und einem Schiff.

Die sechs Gebote 47

1.6.6 Segeltour

Im Hafen wird zunächst einmal die Projektorganisation betrieben, d. h. die Mannschaft angeheuert und Proviant besorgt. Es findet die Planung der Route statt, z. B. von Hamburg nach New York. Der Treibstoffverbrauch wird geplant usw. Dann wird der Hafen verlassen. Nun ist es die Aufgabe des Kapitäns, dafür zu sorgen, dass er wirklich nach New York kommt, und zwar im gesetzten Rahmen von Zeit, Treibstoff usw. Was tut er also? Er wird von Zeit zu Zeit den Kurs korrigieren, wenn z. B. durch Winde und Strömung das Schiff abgedriftet ist. Das wird er nicht zufällig tun, sondern sich vorher den Standort und den Istkurs geben lassen. Aus dem Vergleich von Soll und Ist ergibt sich die Korrektur des Kurses.

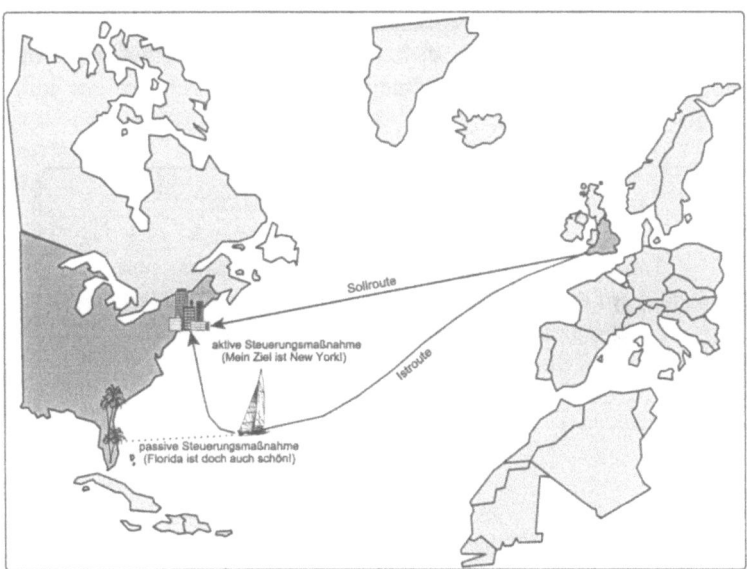

Abbildung 7: Atlantiküberquerung eines Segelschiffes als Metapher zur Verdeutlichung der Bedeutung eines kontinuierlichen Berichtswesens und des Unterschiedes zwischen aktiver und passiver Steuerung

Entscheidend ist nun, dass es sich nicht um irgendwelche Informationen handelt, die sich der Kapitän holt, sondern um belastbare Informationen, d. h. also Informationen, die der Belastung einer anschließenden Analyse und Maßnahme standhalten.

Wir müssen also die Projektsteuerung unterteilen in das Erkennen des Problems, z. B. die Kursabweichung, dann das Analysieren, z. B. dass es 2 Strich Backbord sind, und die eigentliche Steuerungsmaßnahme, nämlich 4 Strich Steuerbord gegen zu steuern. Wir haben also ein Erkennen, Analysieren und Reagieren. Wenn nun die Information zum Erkennen eines Problems fehlt, kann der Kapitän (der Projektleiter) nicht mehr reagieren, sondern nur noch blind agieren (re bedeutet zurück oder zurückgreifend auf). Blindes Agieren darf aber im Projektmanagement nicht vorkommen, sie würde z. B. die Motivation senken und den Erfolg der Maßnahmen ohnehin in Frage stellen. Wir wollen also re_agieren, d. h. wir brauchen Informationen und benötigen belastbare Informationen, da es sonst auch nur ein halbherziges Reagieren wäre.

> Was heißt belastbare Information?
> Stellen wir uns ein Haus vor.
> Der Keller bzw. das Fundament soll belastbar sein,
> sodass auf ihm ein mehrstöckiges Haus erbaut werden kann.
> Wir brauchen also belastbare Informationen,
> auf die wir unsere Steuerungsmaßnahmen
> solide aufbauen können.

1.7 Projektmanagement durch Nachhaltigkeit und innere Selbstbewegung

1.7.1 Übersicht

Besonders gefährlich ist es, innere Selbstbewegung als Ausrede für Nichtstun zu benutzen. Nichtstun führt zu unorganisiertem Durchführen der Aufgaben, während innere Selbstbewegung eine organisierte Form darstellt. Projektmanagement durch innere Selbstbewegung erfordert das Vorhandensein von Regeln und Werkzeugen. Ohne diese wäre die Projektabwicklung chaotisch. Chaos im landläufig negativen Sinne wäre ohnehin nicht erwünscht. Aber auch im positiven Sinne der Chaos-Theorie wäre keine Nachhaltigkeit gegeben, da die Ressourcen Zeit und Stoff (Geld), aber auch Energie (Stress) meistens unnötig, jedenfalls aber in hohem Maße verbraucht werden würden. Durch den damit einhergehenden Ideenwettbewerb steigt allerdings vermutlich die Qualität des Ergebnisses. Ob dies jedoch das ständig neue Durchlaufen von Chaosphasen wert ist, möchte ich im Rahmen des Projektmanagements ernsthaft bezweifeln. Dennoch wird diese Art der Projektabwicklung insbesondere in den weichen Bereichen wie dem sozialen Bereich und künstlerischen Bereich beobachtet. Diese Art der inneren Selbstbewegung zur Projektsteuerung scheint nicht besonders effektiv. Deshalb sollte auf der anderen Seite die innere Selbstbewegung als Projektmanagementmethode nicht grundsätzlich abgelehnt werden. Ich bin der Überzeugung, dass diese mit Hilfe geeigneter Regeln und Werkzeuge durchaus bewerkstelligt werden kann und durch die Kraft, die die innere Selbstbewegung darstellt, positiv befruchtet wird.

1.7.2 ZOPP – Zielorientierte Projektplanung

ZOPP bedeutet *ziel*orientierte *P*rojekt*p*lanung. Eine zielorientierte Projektplanung ist im Bereich des Projektmanagements eigentlich schon zur Selbstverständlichkeit geworden. Die Gesellschaft für technische Zusammenarbeit (GTZ) versteht ein Projekt als sozialen Prozess, der nicht nur einmal geplant und dann durchgeführt wird, sondern auch während der Durchführung immer wieder neu geplant wird (rollende Planung). Die von der GTZ durchgeführten Projekte im Bereich technische Entwicklungshilfe erfordern ein hohes Maß an Flexibilität der Ziele, die sich, da es sich um Projekte im sozialen Bereich handelt, laufend ändern (neue politische Situationen, neue ökologische Gegebenheiten, verändertes Wertsystem).

Eine in diesem Sinne verstandene Neuplanung ist durchaus akzeptabel. Sie muss aber speziell dokumentiert werden. Auch muss sichergestellt werden, dass begonnene Arbeiten, die zu dem zuvor vereinbarten Ziel führen, sinnvoll abgeschlossen und in die neue Zieldefinition übergeleitet werden. Hier könnte die Idee einer Planungssoftware, die Alternativen berücksichtigt, von Nutzen sein, wenn man eine derartige Neuplanung als eine nachträgliche Alternativendefinition betrachtet, deren Eintreten nunmehr natürlich definitiv bekannt ist.

Die GTZ benennt die Phasen eines Projektes wie folgt:

- Zielsystem klären (Identifizierungsphase),
- Projektplan erarbeiten (Konzipierungsphase) und
- Projektziel erreichen (Durchführungsphase).

Das Ganze läuft auch unter dem Begriff PCM (Project Cycle Management).

➜ Planung ist vor allem ein Klärungs- und Verständigungsprozess zwischen Menschen, die gemeinsam etwas verändern wollen. In seinem Verlauf werden die Elemente eines Planes erarbeitet. Pläne sind in die Zukunft reichende Entwürfe, in denen die für das Erreichen eines erwünschten Zieles notwendigen Leistungen vorausschauend bestimmt werden. Sie dienen den Beteiligten als Orientierung für ein zielgerichtetes gemeinsames Handeln und ermöglichen den geordneten Umgang mit knappen Ressourcen (Nachhaltigkeit). Aus der Einsicht in die Grenzen des Planbaren folgt, dass Zeiträume und Detaillierungsgrad von Plänen realistisch gewählt werden müssen. Die grundsätzliche Unsicherheit bei der gedanklichen Vorwegnahme einer Entwicklung macht Planung nicht überflüssig.

Nachhaltigkeit und innere Selbstbewegung 51

1.7.3 Lean-Management

Die Kombination aus Management und Nachhaltigkeit finden wir auch beim so genannten Lean-Management. Dieses steht für ein Organisations- und Führungsprinzip, das bestrebt ist, jedwede Verschwendung zu vermeiden und Effektivität und Effizienz unternehmensweit zu verbessern. Lean-Management findet seinen Ursprung in der 1990 veröffentlichen Studie „*The machine that changes the world*", in der zuerst der Begriff der Lean-Production geprägt wurde (Massachusetts Institute of Technology MIT).

1.7.4 Moser'sche Thesen zur Nachhaltigkeit und inneren Selbstbewegung

Moser beschreibt die neuen Werte eines zukünftigen Führungsstils folgendermaßen, die ich anschließend im Hinblick auf das Projektmanagement interpretiert.

1. Ordnung, Harmonie und Schönheit sind grundlegend für das Weltverständnis!

Das erste Gebot (vgl. Kapitel 1.6) fordert eine streng hierarchische Gliederung des Projektes (der Arbeiten des Projektes). Ein Projektmanagementprogramm, dass diese hierarchische Ordnung erzwingt, erfüllt diese Forderung nach Ordnung sehr nachhaltig. Als nächstes fordert Moser die Harmonie, welche in einem Projektstrukturplan mit einem begrenzten Arbeitspaketnummernsystem von z. B. neun Arbeitspaketen pro Ebene gut erfüllt wäre, weil dadurch ein unharmonischer Überhang einzelner Teilprojekte weitestgehend vermieden wird. Es entsteht sozusagen ein ausgewogenes Mobile ohne lange Hebelarme. Das aber entspricht der Harmonie und Schönheit, wie sie als grundlegend für das Weltverständnis von Moser gefordert werden. Zur Harmonie und Schönheit eines Projektmanagementprogramms gehört auch die Maskengestaltung, die sehr viel Übersicht bieten muss.

2. *Geistige Werte kommen vor materiellen Werten!*

Bezogen auf das Projektmanagement würden die geistigen Werte am ehesten der Kommunikation der Mitarbeiter untereinander und den Mitarbeitern mit der Projektleitung sowie der Kommunikation zwischen der Projektleitung und Kunden entsprechen. Die materiellen Werte finden sich am ehesten in den nackten Zahlenwerten für Kosten und Termine wieder. Diese Forderung Mosers würde also bedeuten, dass für eine erfolgreiche Projektabwicklung die Kommunikation und Motivation wichtiger sind als die Planung und Verfolgung nackter Erfolgszahlen und beispielsweise die Qualifikation der Mitarbeiter und deren technische Ausrüstung. Es muss an dieser Stelle klargestellt werden, dass keiner der Faktoren überflüssig ist. Vielmehr soll diese Interpretation darauf hinweisen, dass eine Motivationsmaßnahme Erfolg versprechender und nachhaltiger ist als eine Qualifikationsmaßnahme.

3. *Höchstes Ziel eines Lebens, unseres Denkens und Handelns ist die Bewusstseinsentwicklung des Menschen!*

Hinsichtlich des Projektmanagements zielt diese Forderung eindeutig in Richtung Motivation und innere Selbstbewegung, welche letztlich wiederum Kommunikation erfordert. Hier geht es also im Wesentlichen darum, den Mitarbeiter eines Projektes nicht als Sklaven unterster Ebene zu betrachten, sondern als am Ergebnis konstruktiv mitwirkenden Partner. Es muss sich bei allen Projektmitarbeitern, bei allen Subunternehmen, beim Kunden und bei der Projektleitung das Gefühl einstellen, dass alle gleichermaßen für den Erfolg des Projektes verantwortlich sind und diesen mitgestalten. Jeder einzelne ist Kunde, Projektleiter und Mitarbeiter gleichermaßen!

4. *Weich ist hart, d. h. liebevolles, verständnisvolles Handeln zu anderen und zu sich selbst ist schwieriger durchzuhalten als die scheinbar harte autoritäre Art! Sie ist letztlich aber auch wirtschaftlich wesentlich erfolgreicher!*

Diese Forderung zielt in dieselbe Richtung wie die Forderungen zwei und drei, nämlich in die Richtung der Persönlichkeitsentwicklung eines jeden einzelnen Menschen. Dies kann nur durch

Nachhaltigkeit und innere Selbstbewegung 53

Verständnis und Unterstützung erfolgen. Die „kumpelhafte" Kooperation zwischen Projektleitung und Mitarbeitern ist hier gemeint. Aber auch umgekehrt soll nicht nur der Projektleiter die Ärmel hochkrempeln und dem Mitarbeiter behilflich sein, sondern auch der Mitarbeiter muss Verständnis aufzeigen für die Sorgen und Nöte des Projektleiters, nämlich die Steuerung und Präsentation des Projektes. Vorurteile jedweder Art haben in dieser Forderung keinen Platz.

5. *Vom Macher zum Diener!*

Bezogen auf den Projektleiter bedeutet das eindeutig, wie schon unter Punkt vier angesprochen, dass der Projektleiter nicht den großen „King und Macher" herausspielen, sondern eher Diener des Kunden und seiner Mannschaft sein sollte. Diese Forderung lässt sich aber auch auf die benötigten und verwendeten Tools wie z. B. im Projektmanagementprogramm anwenden. Es ist wichtig, dass das Projektmanagementprogramm nicht den Anspruch erhebt, alles leisten zu wollen. Unter dieser Annahme wäre ein Projektmanagementprogramm sozusagen der „Macher". Hinzu kommen oftmals aus verkaufstechnischen Gründen werbewirksame Features und marketingorientierte Aufmachungen. Das aber macht ein solches Hilfsprogramm zum „Macher" und nicht zum „Diener". Vielmehr muss ein Programm so gestaltet sein, dass es dem Projektleiter und den Projektmitarbeitern als stilles Hilfsmittel dient. In diesem Sinne der Dienerschaft muss sichergestellt sein, dass zur optimalen Verwendung eines solchen Tools ein Partner zur Verfügung steht, der dieses Tool gegebenenfalls an die Bedürfnisse des Unternehmens oder des Projektes anpasst. Insofern ist ein Partner, der einerseits Projektmanagementschulungen und Coaching durchführt, andererseits die notwendige Software anbietet und drittens anwendungsorientierte Applikationen programmiert, von unschätzbarem Wert. Ein solcher „All-in-one"-Partner ist nach der fünften Forderung von Moser unabdingbar.

Moser führt weiter aus: "*Das Unternehmensziel sollte den Mitarbeitern Lebensinhalt sein können.*"

Zielvorgaben für die Organisation sind sinnvoll aus dem allgemeinen evolutionären Geschehen zu formulieren. Eine sinnvolle Zielvorgabe ist jene, die die Zustimmung eines Großteils der Mitarbeiter erhält, wobei die reine Erhaltung der Lebens- und Arbeitsmöglichkeit für die Mitarbeiter als Selbstzweck ungenügend erscheint, da der wesentlichste Motivationsfaktor, eben die Zielvorgabe, wegfällt.

Moser führt weiter aus, dass sich das wahre Wachstum des Unternehmens im Werden zeigt, d. h. die Flexibilität der Organisation und die Fähigkeit zur kurzfristigen *Anpassung* sind entscheidend für die Erhaltung der Art und des Unternehmens. Diese Fähigkeit wird erreicht durch dauernde bewusste, d. h. kausale Infragestellung der Organisation. Es sind also fortlaufend bewusste *Fluktuationen* in der Organisationsstruktur und schließlich im gesamten Bereich des Projektmanagements herbeizuführen. Diese Störungen dürfen selbstverständlich ein gewisses Maß nicht überschreiten, weil dies dann zu einer Beeinträchtigung der Effizienz führen würde.

Übertragen auf die Abwicklung eines Projektes bedeutet dies, dass immer dann, wenn das Projekt ordentlich zu laufen scheint und eine gewisse Ruhe in der Projektabwicklung und -steuerung eingetreten ist, gleichzeitig auch die Gefahr besteht, dass das Wachstum, wie auch immer es verstanden sein will, gefährdet ist. Eine derartige Stagnation kann zu Gleichgültigkeit in der Projektabwicklung führen, die wiederum die Fehlerträchtigkeit erhöht. Wird nun künstlich der Schwierigkeitsgrad des Projektes erhöht bzw. werden Scheinstörungen verursacht, so führt dies zu neuer innovativer Kraft innerhalb des Projektes. Es wäre also eine geeignete Steuerungsmaßnahme, ständig neue Herausforderungen zu generieren, ohne dass diese im ureigentliche Sinne für das Projekt erforderlich sind.

Nachhaltigkeit und innere Selbstbewegung

Moser führt folgende *Selbstorganisationsmanagementprinzipien* auf:
1. Das Management und der Manager sind die Schlüsselfiguren der Organisation!
2. Es gibt keine Zentrale der Organisation, es gibt keine zentrale Steuerung. Autonome Organisationen steuern sich selbst und durch ihre Interaktion das Gesamtsystem!
3. In einer solchen Organisation gibt es nicht den autoritär agierenden Chef, sondern vielmehr ein Managementteam und unter Umständen einen Primus inter pares! Der Manager ist Mittler, Vermittler in einer flachen Hierarchie. Alle Hierarchiestufen haben gleiche Wertigkeit!

Auf das Projektmanagement bezogen ergibt sich hieraus die Frage, ob die Notwendigkeit eines Projektleiters überhaupt gegeben ist oder ob sich das Team im Sinne der Selbstorganisation nicht auch allein organisieren und steuern kann. Diese These wurde bereits an anderer Stelle diskutiert. Die Aussage, dass es keine Zentrale gibt, darf aber nicht dahingehend missverstanden werden, dass es kein zentrales Projektbüro geben darf. Ein solches Büro ist im Moser'schen Sinne weniger eine steuernde Institution als vielmehr eine dienstleistende Einrichtung, und genau das soll ein Projektbüro leisten. Es ist eine von vielen in einem Projekt wahrzunehmenden Funktionen. Moser führt weiter aus:

4. Es gibt wenig formale Planung, es gibt kein Plansoll, es gibt keine festen Programme! Alle Pläne werden als vorläufig gesehen, werden laufend angepasst und sind daher nicht mehr als Versuchssollwerte! Es gibt aber ein Sinnkonzept des Unternehmens, dem alles unterzuordnen ist!

Diese These spiegelt sich in den beiden Modellen wieder, die wir als Phasen- und Spiralmodell kennen. Während beim Phasenmodell die Planung ein festes Soll darstellt, ist sie beim Spiralmodell eher als Wunschsoll oder – wie Moser es bezeichnet – Versuchssoll zu verstehen. Beim Spiralmodell wird stärker nach dem Sinnkonzept des Projektes gestrebt.

Nach Moser ist es also erlaubt und notwendig, vom ursprünglichen Plan abzuweichen, wenn es dem eigentlichen Projektziel dienlich ist. Dennoch können Sollwerte sehr nützlich sein, um Abweichungen festzustellen. Sei es, dass die Abweichung durch eine anfängliche Fehleinschätzung zustande gekommen oder durch veränderte Randbedingungen eingetreten ist.

5. Die Planung erfolgt dynamisch im improvisierten Meeting, wobei vor allem auf den Dialog und die spontanen Interaktionen Wert gelegt wird!

   Diese These entspricht wiederum dem Spiralmodell mit besonderer Betonung des Kommunikationsfaktors als Steuerungsmöglichkeit.

6. Der Konsens ist als Managementprinzip anzunehmen, auch wenn es länger dauert, diesen zu erreichen! Nur wenn man die Mitarbeiter überzeugen kann, sind sie motiviert!

   Diese These entspricht meines Erachtens einem der charakteristischsten Merkmale der Selbstorganisation. Sie berücksichtigt auch die Tatsache, dass nicht die materiellen Dinge das Kapital des Unternehmens sind, sondern die Mitarbeiter, ihr Wissen und ihre Motivation sowie Einsatzbereitschaft. Diesem Punkt ist bei jeder Projektabwicklung besonderes Augenmerk zu widmen.

7. Moser weist abschließend deutlich darauf hin, dass es ein Missverständnis wäre anzunehmen, dass der mittelnde und vermittelnde Manager (Projektleiter) keine Disziplin verlangt. Im Gegenteil: liebende Strenge ist gefragt!

2 Von der Philosophie zur Wirklichkeit

Im vorhergehenden Kapitel haben wir gesehen, welche Grundprobleme das Projektmanagement mitbringt und welche neuen Ansätze für ein zeitgemäßes Projektmanagement bestehen. Hier steht vor allem die Frage der Nachhaltigkeit und der inneren Selbstbewegung, also der Eigendynamik eines Projektteams, im Vordergrund. Um nun von der philosophischen Betrachtung zur wirklichkeitsnahen und praxisbezogene Umsetzung zu gelangen, habe ich eine Umfrage mit Fragebögen durchgeführt, die das Ziel hatte, den momentanen Zustand in den Projekten zu erfassen.

2.1 Der Fragebogen

2.1.1 Aufbau des Fragebogens

Anhand einer breit gefächerten schriftlichen Umfrage in verschiedenartigen Betrieben wurde die Ist-Situation in den Projekten ermittelt. Diese Umfrage ergab sowohl überraschende als auch hochinteressante Ergebnisse, die in diesem Buch zusammengefasst sind und detailliert in der Dissertation des Autors nachgelesen werden können.

Der Fragebogen teilte sich in folgende Blöcke auf:

- Allgemeine Fragen
- Fragen zur Nachhaltigkeit
- Fragen zur inneren Selbstbewegung
- Fragen zum Selbstlerneffekt
- Fragen zu Projektmanagementhilfsmitteln

Allgemeine Fragen

In diesem Abschnitt wurden Fragen zur Person, seiner Aufgabe, dem betrachteten Fachgebiet gestellt und globale Angaben zur Projektgröße abgefragt.

Fragen zur Nachhaltigkeit

Verschiedene Maßnahmen des Projektmanagements sollen unter den Gesichtspunkten der Nachhaltigkeit betrachtet werden. Dazu zählt auf der einen Seite der Nutzen (hier sind es die durch die Maßnahmen gewonnenen Informationen) und auf der anderen Seite der Verbrauch oder die Verschwendung von Ressourcen. Hierzu zählen die Zeit, der Raum, die Sachmittel und der Stress (psychische Energie), die/den man benötigt, um die Informationen zu erhalten. Da der Raum- und der Sachmittelbedarf beim Projektmanagement nach Voruntersuchungen eine untergeordnete Rolle zu spielen scheinen, wurden diese beiden Kriterien nicht detailliert untersucht.

In diesem Fragenkomplex sollen die verschiedenen Elemente des Projektmanagements bewertet werden. Dies ist stellvertretend für die Planung der Projektstrukturplan, stellvertretend für die Projektverfolgung ist dies die Erfassung der Arbeitsstunden, der Fremdkosten und des technischen Fortschrittsgrades und im Bereich Projektsteuerung sind es verschiedene Fragen. Dazu zählen die Erstellung einer Trendanalyse, die Erfassung von Störungen während des Projektverlaufes und die Frage, ob eine differenzierte Ursachen- und Situationsanalyse als Basis für eine Projektsteuerung durchgeführt wird.

Die vorgenannten Fragen wurden so gestaltet, dass einerseits nach dem Nutzen gefragt wird, andererseits nach der benötigten Zeit bzw. dem benötigten Stress für die Durchführung sowie nach der durch diese Maßnahme eingesparten Zeit bzw. dem eingesparten Stress in den Folgephasen.

Der Nutzen wird durch Ankreuzen eines Wertes der Skala von „nichts wert" (0 Punkte) bis „sehr wertvoll" (6 Punkte) gemessen. Die Angaben zur Zeit werden direkt eingetragen. Die Bewertung des Stresses wird wieder mit Hilfe einer Kreuzchen-Skala durchgeführt, beginnend bei „gar keinen" (0 Punkte) bis „sehr viel" (6 Punkte).

Welchen Wirkungsgrad die Planung und das Controlling auf die jeweilige Projektarbeit hatten, wird wieder in einer Skala von 0 bis 6 (sehr niedriger bis sehr hoher Wirkungsgrad) gemessen.

Der Fragebogen 59

Schließlich folgt eine „Was-wäre-wenn-Frage", die sich mit der Verwendung von eventuell durch geeignete Projektmanagementmaßnahmen eingesparter Zeit beschäftigt. Die Beantwortung sah den optimalen Einsatz aus Sicht der Firma, aus Sicht des Projektes, aus Sicht des Betroffenen vor sowie den tatsächlichen Einsatz, wenn es in der Vergangheit bereits einmal zu Ersparnissen gekommen ist.

Schließlich wird nach verschiedenen Planungszeiträumen für die strategische Planung und für kurzfristige Planungen sowie „Feuerwehr"-Aktionen und der damit verbundenen Zeit- und Stressbilanz gefragt.

Fragen zur inneren Selbstbewegung

Unter innerer Selbstbewegung wird die gruppendynamische Eigenverwaltung und die gruppeninterne Selbststeuerung verstanden. Hierzu zählt alles, was aus einer wie auch immer gearteten Gruppe heraus von selbst entsteht.

Dieser Block besteht aus folgenden Fragen: In welcher Organisationsform wurde das Projekt durchgeführt? Welcher Führungsstil ist vorherrschend gewesen? Wie bewertet der Mitarbeiter seine Mitgestaltungsmöglichkeiten innerhalb des Projektes? Welchen Nutzen haben Besprechungen?

Eine weitere Frage beschäftigt sich mit der Unentbehrlichkeit des Projektleiters und seiner Bedeutung innerhalb des Projektes. Zur Beurteilung der internen Kommunikation wird nach dem Zyklus und dem Wert von Projektbesprechungen, Fortschrittsberichten und anderen Methoden der Berichterstattung gefragt. Schließlich wird nach dem Nutzen einer langfristiger Gesamtplanung der Projekte gefragt.

Fragen zum Selbstlerneffekt

In diesem Fragenkatalog wird danach gefragt, in welchem Maß das Projektmanagement an wechselnde Anforderungen angepasst wird. Neben dem verbalen Aufzählen von Stichworten ist auch hier wieder die Bewertung in einer Skala von 0 bis 6 durch Ankreuzen möglich. Schließlich wird hinterfragt, wie oft Grundsätze (Regeln, Normen, Verfahren, Konzeptionen) umgekippt und erneuert werden. Diese Fragen zielen also in Richtung der Dynamik eines Projektes.

Schließlich soll die Zahl der offenen Fragen am Anfang und am Ende einer Besprechung angegeben werden sowie die typische Anzahl der Teilnehmer an einer Besprechung. In zwei Zusatzfragen konnte der Befragte angeben, wieviele Projekte er gleichzeitig bearbeitet und wieviele Arbeitspakete ein Projekt typischerweise beinhaltet.

Fragen zu Projektmanagementhilfsmitteln

In diesem Abschnitt soll das verwendete Hilfsmittel untersucht werden. Dabei ist nicht nur an Software, sondern auch an Bleistift und Papier gedacht, was allerdings kaum angegeben wurde.

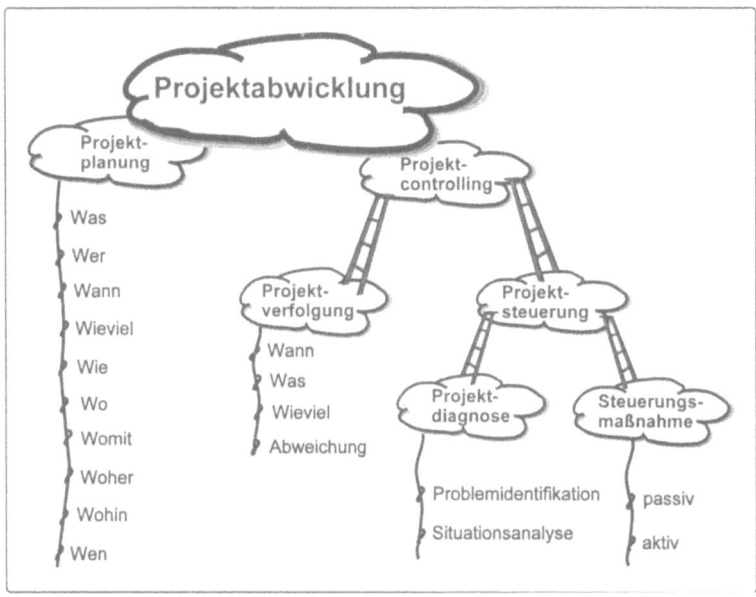

Abbildung 8: Phasen der Projektabwicklung

Da die Projektabwicklung aus verschiedenen Phasen besteht, wird die Bewertung nach fünf wichtigen Aspekten durchgeführt, nämlich bezüglich der Planungsphase, bezüglich der Projektverfolgung, bezüglich der Unterstützung zur Projektsteuerung, bezüglich der Kommunikation und hinsichtlich der Störungsanalyse. Diese fünf Fragen werden am Zeitaufwand, Stress und Gesamtnutzen des benutzten

Der Fragebogen 61

Werkzeuges gemessen. Die Messskala reicht von „gar keinen" (0 Punkte) bis „sehr hoch" (6 Punkte).

Schließlich werden die so genannten W-Fragen abgefragt, und zwar inwiefern das Projektmanagementtool diese unterstützt. Die W-Fragen sind primär wichtig für die Planung, aber auch bei der Projektverfolgung. Da bereits in meinen Seminaren immer wieder der ursprünglich hohe Stellenwert von Netzplänen angezweifelt wurde, habe ich eine entsprechende Frage integriert. Eine ähnliche Frage richtet sich an die Art des Projektstrukturplanes.

2.1.2 Antworten zum Nachdenken

Etliche Fragebögen enthielten interessante Antworten, von denen im Folgenden einige zitiert werden sollen, um dem Leser einen kleinen Eindruck in die Denkweise mancher Projektmanager zu geben. Sie mögen als Anregung zum Nachdenken dienen, zur Reflexion an den eigenen Erfahrungen und zur Einstimmung auf die Notwendigekit eines kooperativen Projektmanagements.

Person A

implizite Annahme
Bei den Teilfragen zur benötigten bzw. eingesparten Zeit wurden für letztere Prozentwerte angegeben, nicht allerdings deren Bezugsgröße. Dies erinnert mich an die Schulzeit, in der wir allzugern vergessen haben, die Maßeinheit mit zu erwähnen. So betrug die Länge beispielsweise 5, ohne dass wir erwähnten, ob es sich um 5 cm, 5 m oder 5 km handelte. Hinter dieser scheinbaren Nachlässigkeit steckt das Prinzip der impliziten Annahme. Dabei lassen wir uns eine bestimmte Fragestellung durch den Kopf gehen und erhalten für uns intern eine exakte Antwort, wobei die explizit ausgesprochene Antwort nur den Teil umfasst, von dem wir glauben, dass der andere ihn nicht kennt, während der übrige Teil von uns implizit als bekannt angenommen wird. Dies ist einer der häufigsten Fehler im Projektmanagement, der an diesem Beispiel deutlich wird.

subjektiv
Die Zeitersparnis wird mit unendlich bezeichnet. Hier wird deutlich, wie Stellungnahmen von Menschen (in unserem Falle Projektmitarbeitern und Projektleitern) oftmals sehr subjektiv gefärbt sind. Der Befragte weiß ebenso wie wir, dass eine unendliche Zeitersparnis theoretisch gar nicht möglich ist, gibt es aber dennoch an, um damit anzudeuten, dass die Zeitersparnis sehr groß ist und ihm dies besonders wichtig erscheint.

Planung als Trendanalyse?
Die Frage bezüglich des Stellenwertes von Trendanalysen wurde von dem Befragten völlig falsch verstanden. Er sieht die Planung, die zu Beginn eines Projektes durchgeführt wird, als eine Trendanalyse an, die dafür verwendet wird, zu entscheiden, ob das Projekt überhaupt durchgeführt oder eingestellt wird. Dies und mehr sind übliche Gründe für eine Projektplanung. Dass diese für ihn eine hohe Bedeutung hat, wird ebenfalls durch die anderen Antworten deutlich.

Person B

aus dem Bauch heraus
Aus meiner Sicht wird dieser Projektleiter seine Projekte eher aus dem Bauch heraus leiten, sodass sie für die Betroffenen nebulös erscheinen müssen. Die Folge sind Terminverzögerungen, nicht erreichte Qualität (Projektziele) und erhöhte Kosten:
- die Projektdauer wird zu über 100 Prozent überschritten, wobei der profane Kommentar lautet: „*Es dauert alles länger als geplant.*"
- die Projektkosten werden um 60 Prozent überschritten,
- das Ziel wird nur zu 80 Prozent erreicht.

Person C

fehlende soziale Kompetenz
Die Anmerkung „*zu schwammig: für manch einen ist Stress auch, 30 Minuten später zum Essen gehen zu können*" ist insofern nicht akzeptabel, als dass hier seine persönliche Meinung gefragt war bzw. der Mittelwert der an den Projekten Beteiligten. Diese Personen aber muss er als Projektleiter kennen, sodass er die Antwort auch hätte präziser geben können. Ich deute die Antworten eher dahin, dass er zu denen gehört, die gerne bis spät abends in der Firma arbeiten und dies auch von anderen erwartet, der sich um Arbeitszeitvereinbarungen vertragli-

cher Art und Ähnliches wenig kümmert. Eine weitere Merkwürdigkeit tritt in der Kombination der Frage „Erfassung der Istdaten" und der Frage „Trendanalyse" auf. Der Projektmanager gibt an, dass als Trendanalyse laufend ein Soll/Ist-Vergleich durchgeführt wird, was im Prinzip als Antwort gelten gelassen werden kann, obwohl es keine wirkliche Trendanalyse ist. Allerdings muss kritisch angemerkt werden, wie ein Soll/Ist-Vergleich durchgeführt werden kann, wenn Istwerte gar nicht erfasst werden, wie die Antwort auf die zugehörige Frage verrät.

menschliche Faktoren unwichtig
Bei der Frage nach der Trendanalyse wird der Punkt bezüglich Stress mit „*irrelevant: muss gemacht werden*" beantwortet, was ebenfalls darauf hindeutet, dass ihm menschliche Komponenten (Faktoren) unwichtig sind. Dies wird auch bei der Frage nach der Erfassung auftretender Störungen deutlich, die mit „Nein" und der Bemerkung „*Behebung geht vor Verwaltung*" beantwortet wird . Dies ist natürlich nicht richtig, da eine Störung nur dann behoben werden kann, wenn man sie kennt, d. h. sie muss erfasst worden sein, und dies ist der Bemerkung nach zu urteilen, für ihn sogar sehr wertvoll.

phlegmatisch
Der Befragte scheint in seiner Denkweise hinsichtlich Projektstrukturen und Projektsteuerung sehr phlegmatisch zu sein, was sich ebenfalls negativ auf die Mitarbeiter auswirken dürfte. Die Frage, welchen Vorteil aus seiner Sicht durch eingesparten Stress gewonnen werden kann, wurde durchgestrichen.Wieder ein Signal dafür, dass er das Wort Stress nicht in seinem Vokabular führt. Mitarbeiter müssen also statt eines 8-Stunden-Tages auch einen 12-Stunden-Tag Leistung bringen und das natürlich, ohne Fehler zu machen, ohne zu murren, für dasselbe Gehalt und ohne Rücksicht auf die Familie und vertragliche Situation.

Der subjektive Eindruck, den ich bei der visuellen Analyse dieses Fragebogens gewinnen konnte, deckt sich mit der abschließenden Frage nach der Verwendung von Projektmanagementtools, nämlich: keine.

2.2 Interpretation

2.2.1 Allgemeines

Die insgesamt 46 Fragebögen, die in der Umfrage ausgefüllt zurückgekommen sind, verteilen sich auf die verschiedenen Branchen und Untergliederungen wie in der folgenden Tabelle dargestellt.

Tabelle 1: Mittlere Projektdauer

Branche	Projektdauer
Anlagenbau/Bauwesen	2.0 Jahre
Entwicklung/Software	1.8 Jahre
Verwaltung/Dienstleistung	1.3 Jahre
kleine Projekte	0.8 Jahre
große Projekte	2.3 Jahre
alle Projekte	1.7 Jahre

Bei der Differenzierung nach *Branchen* zeigt sich bezüglich der Qualität kein signifikanter Unterschied, wohl aber bezüglich der Dauer und der Kosten. Während im Bauwesen und in der Verwaltung mit einer eher geringeren Terminüberschreitung zu rechnen ist, ist in der technischen Entwicklung die Terminüberziehung deutlicher. Ähnlich verhält es sich bei den Kosten. Projekte der technischen Entwicklung und der Softwareentwicklung sind von deutlicher Kostenüberschreitung geprägt. Verwaltungs- und Dienstleistungsprojekte haben geringere Kostenüberschreitungen. Bauprojekte verhalten sich etwa wie der Durchschnitt aller Projekte.

Deutung: Die größere Termintreue und die auch einigermaßen gute Kostenstabilität sind im Anlagenbau und Bauwesen im Wesentlichen durch den hohen Anteil an Fremdleistungen und Material zu verstehen. Danach haben im Bauwesen 9 von 11 Projekten einen hohen Fremd- und ebenso viele Projekte einen hohen Materialanteil, während in der Entwicklung nur 2 von 23 Projekten einen höheren Fremdanteil haben und 11 von 23 Projekten viel Material benötigen. Damit ist der Trend der Antworten bezüglich Projektdauer- und Projektkostenüberschreitungen zu verstehen, sofern wir annehmen, dass Fremdleistungen und Materialeinkauf Termin- und Kostentreue bedeuten.

Interpretation

Tabelle 2: Überziehung der geplanten Projektdauer und -kosten sowie erreichte Qualität (Ergebnisgrad)

Branche	Überziehung der ... Dauer	Kosten	Grad der Qualität
Anlagenbau/Bauwesen	20 %	16 %	90 %
Entwicklung/Software	32 %	28 %	90 %
Verwaltung/Dienstleistung	19 %	8 %	91 %
Linienorganisation	42 %	20 %	88 %
Matrixorganisation	34 %	27 %	88 %
Projektorganisation	14 %	14 %	93 %
niedriger Fremdanteil	21 %	21 %	92 %
hoher Fremdanteil	34 %	15 %	88 %
wenig Material	19 %	23 %	92 %
viel Material	32 %	16 %	89 %
alle Projekte	*25 %*	*19 %*	*90 %*

Die nächste Auswertung zeigt aber bereits, dass dies bezüglich *Termintreue* wohl nicht der Fall ist, hingegen aber bezüglich der Kostentreue. Denn Projekte mit hohem Eigenanteil sind deutlich termintreuer als Projekte mit hohem Fremdanteil (Materialanteil). Umgekehrt verhält es sich bei den Kosten, die bei Projekten mit hohem Eigenanteil deutlicher überschritten werden als bei Projekten mit niedrigem Eigenanteil. Ebenfalls besser ist auch die Qualität der Projekte mit hohem Eigenanteil im Vergleich zu Projekten mit hohem Fremdanteil.

Deutung: Mit wenigen Worten kann hieraus wohl zusammengefasst werden, dass Fremdleistungen zwar eher im Kostenrahmen abgewickelt werden, aber durch Terminüberschreitungen und schlechtere Qualität gekennzeichnet sind. Warum dies so ist, kann auf Grund anderer Fragen an späterer Stelle noch erörtert werden. Bei der Differenzierung nach Materialanteil verhält es sich genau so wie bei der Differenzierung nach Fremdanteil. Auch hier wird der vereinbarte Preis recht gut eingehalten, nicht aber die gewünschte Qualität und der gewünschte Liefertermin. Die günstige Terminsituation im Bauwesen hat also auch noch andere Gründe.

Untersucht man die Überziehung der Dauer nach der *Organisationsform*, so ist das Ergebnis nicht besonders überraschend. Projekte, die in reiner Projektorganisation abgewickelt werden, zeigen im Mittel eine

Überziehung von 14 Prozent, während Projekte in der Matrixorganisation bei 34 Prozent liegen und in der reinen Linienorganisation sogar bei 42 Prozent.

Hinsichtlich der Kostenüberziehung verhält es sich sehr ähnlich. Auch hier führt die Projektorganisation mit 14 Prozent vor der Linienorganisation mit 20 Prozent und der Matrixorganisation mit 27 Prozent. Dass die Linienorganisation etwas weniger Kostenüberziehung besitzt als eine Matrixorganisation mag daran liegen, dass Projekte, die in der Linienorganisation abgewickelt werden, häufig aus dem Bereich Anlagenbau/Bauwesen (dort beträgt die mittlere Überziehung 16 Prozent) und dem Bereich Verwaltung/Dienstleistungen (dort beträgt die Überziehung 8 Prozent) kommen. In diesen Bereichen gibt es mehr als in der Entwicklung feste Kostenvorgaben (Budgetvorgaben).

Die höchste Qualität erreicht die Projektorganisation mit 93 Prozent, während Projekte in der Matrix- und Linienorganisation im Mittel 88 Prozent Erfüllungsgrad erreichen. Das bedeutet, dass das Qualitätsdefizit in der Matrix- und Linienorganisation fast doppelt so groß ist wie bei der Projektorganisation. Ferner ist auffallend, dass Projekte in der Linienorganisation deutlich kürzer sind als in den übrigen beiden Organisationsformen. Dies erscheint mir aber logisch, denn je länger ein Projekt dauert, um so eher ist die Einrichtung einer Matrix- oder gar Projektorganisation notwendig.

2.2.2 Innere Selbstbewegung

Im Fragenblock „Innere Selbstbewegung" wird nach der (vorwiegend) verwendeten Organisationsform gefragt und ihre Vor- und Nachteile hinterfragt.

Interpretation

- In der *Linienorganisation* (44 % der Projekte) gilt die hierarchische Abteilungsstruktur des Unternehmens. Der Abteilungsleiter ist disziplinarischer und fachlicher Vorgesetzter des Mitarbeiters, auch wenn dieser in einem Projekt mitarbeitet.

- In der *Matrixorganisation* (42 % der Projekte) ist der Abteilungsleiter des am Projekt mitwirkenden Mitarbeiters weiterhin der disziplinarische Vorgesetzte, während der Projektleiter die fachliche Weisungsbefugnis besitzt.

- In der *Projektorganisation* (13 % der Projekte) übt der Projektleiter die disziplinarische und fachliche Weisungsbefugnis aus.

Organisationsform

Die Matrixorganisation ist in Entwicklungsprojekten überdurchschnittlich häufig anzutreffen und wird im Anlagenbau/Bauwesen unterdurchschnittlich verwendet. Die Linienorganisation wird hingegen in der Entwicklung sehr selten benutzt, während sie im Anlagenbau/Bauwesen und in der Verwaltung überdurchschnittlich häufig anzutreffen ist.

Tabelle 3: Bevorzugung der Organisationsform innerhalb der verschiedenen Branchen (ergeben jeweils 100%)

Branche	Linie	Matrix	Projekt
Anlagenbau/Bauwesen	20 %	30 %	50 %
Entwicklung/Software	9 %	48 %	43 %
Verwaltung/Dienstleistung	16 %	42 %	42 %

Die Linienorganisation ist am ehesten in Projekten mit einem hohen Fremd- und Materialanteil vertreten. Geringer Fremd- und Materialanteil bedeutet einen hohen Anteil an Eigenleistung. Dies scheint nach Beurteilung der Betroffenen durch eine Linienorganisation nicht abwickelbar zu sein.

Führungsstil

In der Umfrage wurden folgende Führungsstile unterschieden:

Tabelle 4: Beschreibung der Führungsstile

Führungsstil	Beschreibung
autoritär	
• diktatorisch	Der Führende gibt Anordnungen.
• patriacharlisch	Wohlwollende, verständnisvolle, strengväterliche Haltung des Führenden.
kooperativ	
• gruppenorientiert	
• personativ	Der Führende hat die Geführten noch fest in der Hand, lässt ihnen aber begrenzten Entscheidungsspielraum, fragt sie um Rat, aber behält sich die letzte Entscheidung vor.
• partizipativ	Gleichberechtigung der Geführten (Teammitglieder), der Führende ist Teil der Gruppe.
• egalitär	Wechselweise realisierter Führungsanspruch der Mitarbeiter (absolute Gleichstellung).

Beim Führungsstil ist der autoritäre Führungsstil nur zu etwa 11 Prozent anzutreffen. Ansonsten beurteilten die Befragten den Führungsstil als kooperativ, wobei der gruppenorientierte personative Führungsstil mit etwa 60 Prozent doppelt so häufig anzutreffen ist wie der gruppenorientierte partizipative Führungsstil.

Tabelle 5: Verteilung der Führungsstile (in Klammern die absolute Anzahl)

Führungsstil	alle	Linie	Matrix	Projekt
autoritär	11 % (5)	17 % (1)	20 % (4)	-
kooperativ	89 % (42)	83 % (5)	80 % (16)	100 % (21)
- personativ	60 % (28)	67 % (4)	60 % (12)	57 % (12)
- partizipativ	30 % (14)	17 % (1)	20 % (4)	43 % (9)

Der autoritäre Führungsstil ist nur in der Linien- und Matrixorganisation anzutreffen. Die Projektorganisation bevorzugt ausschließlich den kooperativen Führungsstil. Der Ansatz, dies mit der Lebensdauer der Organisationform zu begründen, scheint nicht hinreichend zu funktionieren. Zwar ist die Linienorganisation diejenige mit der längsten

Interpretation

Lebensdauer, sie ist schließlich als langfristige Aufbauorganisation ausgelegt, doch unterscheiden sich die Projektdauern und damit auch die Lebensdauern der Matrix- und Projektorganisation kaum voneinander. Im Gegensatz zur Linienorganisation, die sehr langlebig ist, aber durchaus sehr kurze Projekte durchführen kann, ist die Lebensdauer der Matrix- und der reinen Projektorganisation praktisch identisch mit der Projektdauer. Deshalb scheint es mir nicht sehr wahrscheinlich, dass die Lebensdauer einer Organisationform etwas über den benötigten Führungsstil aussagt. Eher wahrscheinlich ist es, dass die der Linienorganisation anhaftende hierarchische Weisungsstruktur der entscheidende Punkt ist. Auch bei der Matrixorganisation liegt die disziplinarische Weisungsbefugnis beim Abteilungsleiter der Linie und nur die fachliche Weisungsbefugnis beim Projektleiter. Dies könnte der Grund dafür sein, dass der Projektleiter diesen Mitarbeiter, der aus der Linienorganisation kommt und im Projekt mitarbeitet, nur durch autoritäre Strenge dazu bringen kann, seine Arbeit im Projekt zu tun und sich nicht durch die Linie negativ beeinflussen zu lassen. Nur die Projektorganisation ist frei von den Weisungsstrukturen der Linienhierarchie und kann sich demzufolge die kooperative und hier insbesondere die partizipative Führung erlauben.

Während bei allen kooperativ durchgeführten Projekten in allen drei Organisationformen der personative Führungsstil überwiegt, ist festzustellen, dass der partizipative Führungsstil in der Projektorganisation fast die gleiche Größenordnung annimmt wie der personative Führungsstil. Letzerer beträgt in der Linienorganisation 20 Prozent und in der Matrixorganisation 25 Prozent innerhalb der Gruppe des kooperativen Führungsstils, während er aber in der Projektorganisation immerhin 43 Prozent beträgt.

Beim partizipativen Führungsstil wird das gesamte Umfeld des Projektes stärker mit einbezogen. Es gilt das Prinzip der Gleichberechtigung der Geführten (Teammitglieder), der Führende ist Teil der Gruppe. Dies hat also etwas zu tun mit Projektmarketing und Projektkultur, welche offensichtlich bei Projekten, die in einer reinen Projektorganisation abgewickelt werden, wesentlich stärker ausgeprägt sind als bei Projekten, die in der Linien- oder Matrixorganisation durchgeführt werden.

Methoden der Berichterstattung

Bei den Methoden zur Berichterstattung ist festzustellen, dass Projektbesprechungen in 93 Prozent aller Projekte durchgeführt werden, während schriftliche Projektberichte nur in 61 Prozent aller Projekte erstellt werden.

Der schriftliche *Fortschrittsbericht* zeigt zu Gunsten großer Projekte noch einen wesentlich größeren Unterschied als bei den Projektbesprechungen. 70 Prozent aller großen Projekte erstellen Fortschrittsberichte, aber nur 47 Prozent der kleinen. Nach Branchen und Organisationsformen differenziert ergibt sich folgendes Bild:

Tabelle 6: Anteil der Projekte, bei denen schriftliche Fortschrittsberichte erstellt werden

Branche	Anteil
Anlagenbau/Bauwesen	64 %
Entwicklung/Software	65 %
Verwaltung/Dienstleistung	50 %
Linienorganisation	33 %
Matrixorganisation	58 %
Projektorganisation	75 %

Bei Projekten mit niedrigem Fremdleistungsanteil und wenig Material ist, wie auch schon bei den Projektbesprechungen, der Anteil an Fortschrittsberichten am größten. Auch hier ist der Unterschied zu den Projekten mit hohem Fremdleistungs- und Materialanteil besonders deutlich zu erkennen.

Betrachten wir nun die mündlichen *Projektbesprechungen*. Diese sind bei großen Projekten etwas häufiger anzutreffen als bei kleinen Projekten. Ferner sind sie in Entwicklungsprojekten zu 100 Prozent vertreten, im Anlagenbau/Bauwesen zu 91 Prozent und bei Verwaltungs- und Dienstleistungsprojekten mit 83 Prozent am geringsten anzutreffen.

Interpretation 71

Projekte mit wenig Fremdleistungsanteil und wenig Material haben einen geringfügig höheren Projektbesprechungsgrad als solche mit hohem Fremdleistungs- und Materialanteil. Dies ist auch verständlich, da die Projektbesprechung vor allem die internen Mitarbeiter betrifft, obwohl bei Fremdleistungen entsprechend häufige Besprechungen eigentlich auch mit den externen Leistungsstellen durchgeführt werden müssten, leider aber in der Praxis nicht durchgeführt werden.

Langfristige Planungen

Im Anlagenbau/Bauwesen wird mit 91 Prozent am häufigsten langfristig geplant, während im Entwicklungs- und Softwarebereich mit 65 Prozent bzw. im Verwaltungs- und Dienstleistungsbereich mit 67 Prozent deutlich weniger langfristige Planungen durchgeführt werden.

Tabelle 7: Durchführung langfristiger Planungen in den unterschiedlichen Branchen

Branche	Anteil
Anlagenbau/Bauwesen	91 %
Entwicklung/Software	65 %
Verwaltung/Dienstleistung	67 %

Bewertung der inneren Selbstbewegung

Mit durchschnittlich 3.5 von 6 Punkten wird die Situation der jeweiligen Organisationsform in den Projekten nicht besonders schmeichelhaft bewertet. Diese wird insbesondere in Verwaltungs- und Dienstleistungsprojekten sehr negativ gesehen (2.8 Punkte). Deutlich besser verhält es sich da schon mit den Mitgestaltungsmöglichkeiten, die in den Projekten gegeben ist. Diese verhalten sich konform zur Gesamtsituation und sind in Projekten des Anlagenbaus und Bauwesens am größten, dicht gefolgt von Projekten in der Entwicklung und Software.

Die Unentbehrlichkeit des Projektleiters ist in Bauprojekten fast eine Doktrin (5.9 von 6 Punkten). Der Nutzen von Projektbesprechungen wird im Anlagenbau/Bauwesen mit 5.6 deutlich höher eingestuft als in den Bereichen Entwicklung/Software und Verwaltung/Dienstleistungen.

Tabelle 8: Bewertung der inneren Selbstbewegung (max. 6 Punkte)

	Bauw.	Entw.	Verw.
Situation der Organisationsform	4.2	3.6	2.8
Mitgestaltungsmöglichkeiten	5.0	4.7	4.0
Unentbehrlichkeit des PL	5.9	5.0	4.7
Zyklus Projektbesprechungen	15 [d]	13 [d]	19 [d]
Zyklus Fortschrittsbericht	109 [d]	34 [d]	97 [d]
Nutzen Projektbesprechungen	5.6	4.6	4.2
Nutzen Fortschrittsbericht	3.5	4.0	4.5
Nutzen langfristiger Planung	5.2	4.6	4.9

Interessant ist der Zyklus, in welchem ein schriftlicher Fortschrittsbericht angefertigt wird. Im Bauwesen sowie in der Verwaltung geschieht dies nur alle drei Monate, in der Entwicklung aber jeden Monat. Der Nutzen eines solchen Berichtes wird im Bauwesen auch entsprechend niedrig eingestuft. Obwohl er auch in Verwaltungsprojekten hoch eingestuft wurde, ist hier der Zyklus jedoch sehr lang. Dies hat wohl andere Ursachen, die vielleicht in der Mentalität der Projektmitarbeiter solcher Projekte liegen. Umgekehrt wird der Nutzen langfristiger Planung im Anlagenbau/Bauwesen am höchsten eingeschätzt, während dieser in der Entwicklung/Software am geringsten eingestuft wurde.

Die Situation der Organisationsform wird bei der Projektorganisation deutlich besser (3.8 Punkte) eingestuft als bei der Matrix- und Linienorganisation (beide 3.3 Punkte). Ähnlich verhält es sich bei der Einschätzung der Mitgestaltungsmöglichkeiten.

Der Projektleiter scheint in der Projektorganisation am wenigsten entbehrlich (5.3 Punkte). In der Matrixorganisation (4.9 Punkte) und Linienorganisation (5.0 Punkte) ist der Projektleiter aber im Wesentlichen ähnlich unentbehrlich.

Besonders auffällig ist, dass in der Projektorganisation der Zyklus für den Fortschrittsbericht mehr als doppelt so groß ist wie in der Matrix- und Linienorganisation. Damit geht konform, dass man in der Projektorganisation den Nutzen eines Fortschrittsberichtes deutlich geringer sieht. Schließlich fällt auf, dass in der Linienorganisation der Nutzen einer langfristigen Planung am höchsten eingestuft wird und zwar deutlich.

2.2.3 Nachhaltigkeit

Allgemeines und Erläuterungen

Nur 80 Prozent aller Projekte erstellen einen Projektstrukturplan und nur 72 Prozent der Projekte erfassen die geleisteten Arbeitsstunden, darüber hinaus ermitteln sogar nur 63 Prozent aller Projekte auch den gleichzeitig erreichten Fortschrittsgrad. Aus der Erfassung der Istwerte werden nur in 50 Prozent aller Projekte Trendaussagen generiert (Soll/Ist-Vergleich und andere Analysen).

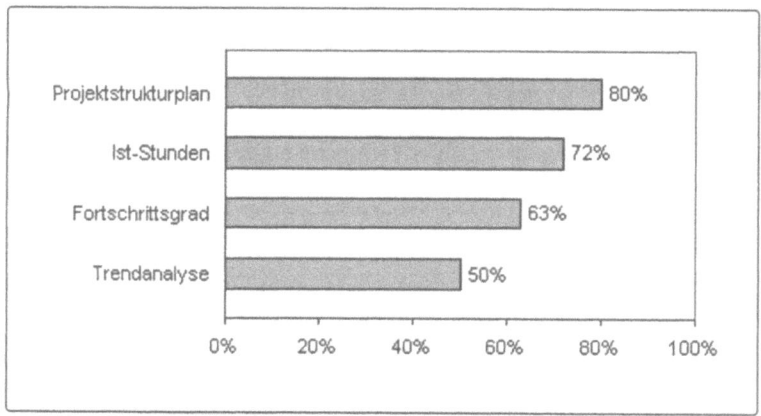

Abbildung 9: Häufigkeit der Anwendung verschiedener Methoden des Projektmanagements

Obwohl nur in 72 Prozent aller Projekte die Iststunden erfasst und sogar in nur 63 Prozent aller Projekte der Fortschrittsgrad ermittelt wird, werden die Fremdkosten in 83 Prozent aller Projekte verfolgt bzw. erfasst.

Deutung: Dies scheint aber nicht verwunderlich, da eingehende Rechnungen der Fremdfirmen bzw. Lieferanten durch die Buchhaltung in jedem Unternehmen erfasst werden und an den Projektleiter Rückmeldungen somit fast selbstverständlich sind. Insofern verwundert es wiederum, dass es nur 83 Prozent sind.

Immerhin knapp zwei Drittel aller Projekte erfasst auftretende Störungen, während aber wieder nur die Hälfte aller Projekte eine genaue Situationsanalyse durchführt, um hieraus bestmögliche Steuerungsmaßnahmen abzuleiten. Es sei die Frage gestattet, was der andere Teil tut, wenn es darum geht, auftretenden Kosten- und Terminabweichungen entgegenzusteuern. Wird hier etwa aus dem Bauch heraus regiert?

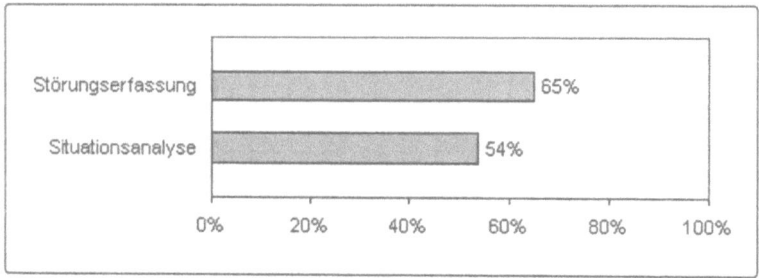

Abbildung 10: Häufigkeit der Erfassung von Störungen und Durchführen von Situationsanalysen

Die vergleichende Auswertung der *Nachhaltigkeit* ist etwas komplizierter. Es wurde folgendes Verfahren verwendet: Grundsätzlich gibt es vier Arten von Ressourcen, deren nachhaltige Verwendung untersucht werden kann: Zeit und Raum, Materie und Energie. Im Management sind die Ressourcen Zeit und Energie besonders relevant und interessant. Energie beim Projektmanagement bedeutet die psychische Energie der Mitarbeiter, deren Ressource durch die Stressbelastbarkeit begrenzt ist (Energie ≡ Stress). Wie sehr diese Ressourcen den Menschen betreffen, sieht man unter anderem an der Vielfalt der Literatur zum Thema Zeitmanagement und Stressmanagement.

Materie ist alles Stoffliche im Projektmanagement, d. h. die Arbeitsmittel (Sachmittel, Geld) ebenso wie der menschliche Körper. Letzterer ist vielleicht auch noch am ehesten als begrenzte Ressource zu betrachten; die hierzu gehörende Literatur wären die medizinischen Fachbücher. Gemeinsam mit der Ressource Raum soll die Ressource Materie in unserem Zusammenhang bei der Suche nach einem neuen Projektmanagement nur beiläufig mit betrachtet werden.

Interpretation 75

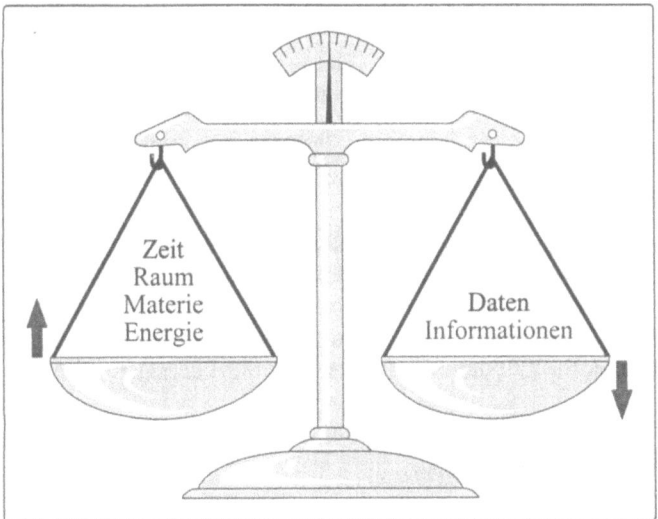

Abbildung 11: Die Waage der Nachhaltigkeit

Die Waage der Nachhaltigkeit veranschaulicht, worauf es beim Projektmanagement ankommt: Die Waagschale der zu opfernden Ressourcen Zeit, Raum, Materie und Energie soll möglichst leicht werden und die Waagschale des Nutzens (der Daten und Informationen) soll möglichst schwer werden. Dabei sollen im Weiteren nur die Ressourcen Zeit und Stress ($\equiv$ Energie) in die Betrachtung eingehen. Die Befragten hatten den Zeit- und Stressbedarf und deren Ersparnis abzuschätzen.

Da jede Maßnahme im Bereich Projektmanagement sowohl Zeit als auch Stress „kostet", haben wir anscheinend zunächst nur Nachteile durch die jeweilige Maßnahme. Wenn beziehungsweise da diese Maßnahme einen Nutzen besitzt, muss sich dieser in den nachfolgenden Phasen des Projektes als Zeit- und Stressersparnis manifestieren.

Hieraus ergeben sich die Definitionen für den Nachhaltigkeitsfaktor und den Nachhaltigkeitsindex, wie er im weiteren Verlauf dieser Arbeit von Bedeutung ist.

Der Nachhaltigkeitsfaktor gibt die Zeitbilanz und die Stressbilanz an:

$$\text{Nachhaltigkeitsfaktor für die Zeitbilanz} = \frac{\text{Zeitersparnis in den Folgephasen}}{\text{Zeitbedarf für die Maßnahme}}$$

$$\text{Nachhaltigkeitsfaktor für die Stressbilanz} = \frac{\text{Stressersparnis in den Folgephasen}}{\text{Stressbedarf für die Maßnahme}}$$

Um die Nachhaltigkeit für die Maßnahme als Ganzes zu bewerten, werden die beiden Nachhaltigkeitsfaktoren und der Nutzen in eine einzige Größe, den Nachhaltigkeitsindex, vereinigt. Für die Definition des Nachhaltigkeitsindex werden der Nutzen sowie die beiden Nachhaltigkeitsfaktoren für Zeit und Stress in Bewertungsklassen eingeteilt.

Tabelle 9: Bewertungsschema für den Nutzen

Nutzen	Bewertung
5.0 - 6.0	++
3.6 - 4.9	+
2.5 - 3.5	o
1.1 - 2.4	-
0.0 - 1.0	- -

Tabelle 10: Bewertungsschema für den Nachhaltigkeitsfaktor bei der Zeit und dem Stress

Faktor	Bewertung
> 2.0	++
1.2 - 2.0	+
0.8 - 1.2	o
0.5 - 0.8	-
< 0.5	- -

Schließlich wird für jede zu bewertende Frage zur Nachhaltigkeit die Summe der Benotung berechnet. Ein Plus zählt +1 Punkt, ein Minus zählt -1 Punkt, ein o zählt nichts. Die Maximalpunktzahl beträgt also +6 Punkte und ergibt sich aus der Addition der Punkte für die Zeitbilanz, Stressbilanz und dem Nutzen (maximal je +2 Punkte), die schlechteste Gesamtnote lautet somit -6 Punkte. Die Punktzahl 0 bedeutet insgesamt

Interpretation 77

ein neutrales Verhalten hinsichtlich der Nachhaltigkeit und ist im Sinne der vorliegenden Zielsetzung eher als schlechtes Ergebnis zu bewerten. Punktzahlen ab +2 sind interessant für ein zukünftiges Projektmanagement, welches sich durch Nachhaltigkeit auszeichnen soll.

Projektstrukturplan

In nur 80 Prozent aller Projekte wurde ein Projektstrukturplan erstellt. Unter allen denen, die einen Projektstrukturplan erstellen, wird der Nutzen mit 4.8 von 6 Punkten bewertet. Dies Ergebnis ist recht hoch, was wohl auch der Grund dafür ist, dass diese Projektmanager einen Projektstrukturplan erstellen. Der dafür benötigte Zeitbedarf liegt im Mittel aller Projekte dieser Manager bei 1.9 Prozent der Projektlaufzeit, während die Zeitersparnis, die durch das Vorhandensein eines Projektstrukturplanes bedingt ist, immerhin 9.2 Prozent beträgt. Das ist etwa das Fünffache. Im Sinne der Nachhaltigkeit ist dies ein hervorragendes Ergebnis. Bei der Frage, welchen Stress (psychische Energie) die Projektleiter für die Erstellung des Projektstrukturplanes aufwenden müssen, wurde dieser mit 2.6 Bewertungspunkten relativ niedrig eingeschätzt. Dem entgegen steht die deutlich höhere Einschätzung von 4.3 Punkten bei der Stressersparnis in den Folgephasen des Projektes.

Tabelle 11: Nachhaltigkeit bei der Erstellung eines Projektstrukturplanes in den verschiedenen Branchen

Branche:	Bauwesen		Entwicklung		Verwaltung	
Nutzen	5.6	++	4.8	+	4.2	+
Zeitfaktor	10	++	4.5	++	3.3	++
Stressfaktor	2.7	++	1.4	+	1.6	+
Nachhaltigkeit	6		4		4	

Deutliche Unterschiede ergeben sich bei der Differenzierung nach *Branchen*. Ganz eindeutig sehen der Anlagenbau und das Bauwesen den Nutzen am größten, während die Verwaltung und der Dienstleistungsbereich den Nutzen am niedrigsten einschätzt. Umgekehrt verhält es sich mit dem Zeitbedarf, der vom Anlagenbau mit 1.0 Prozent über die Entwicklung mit 2.0 Prozent bis zur Verwaltung mit 2.8 Prozent der Projektdauer wächst, während der Zeitvorteil in gleicher Reihenfolge geringfügig von 10 Prozent auf jeweils 9 Prozent sinkt. Ebenso haben die „Bauleute" mit 1.9 Bewertungspunkten den geringsten Stress mit der Erstellung eines Projektstrukturplanes, während sie mit 5.2 Bewertungspunkten die größte Stressersparnis in der Folgephase für sich in Anspruch nehmen. Im Folgenden möchte ich diesen Sachverhalt versuchen zu interpretieren:

Deutung: Projekte im Anlagenbau/Bauwesen unterscheiden sich von Projekten in der Verwaltung im Wesentlichen dadurch, dass Bauprojekte mehr deterministisch und mechanisch ablaufen. Die zu erstellenden Objekte sind bekannt, der Umfang ist kalkulierbar und von daher auch die benötigte Zeit und andere mit der Planung verbundene Parameter planbar. Projekte dieser Branche laufen oftmals sehr ähnlich ab, sodass auf frühere Erfahrungen und Planungen zurückgegriffen werden kann. Daher ist der Zeitbedarf für die Erstellung eines Projektstrukturplanes relativ niedrig. Andererseits sind solche Projekte sehr komplex, und die zeitliche Koordination muss besonders gut funktionieren. Der Nutzen wird logischerweise besonders hoch eingeschätzt.

Anders verhält es sich bei Projekten in der Verwaltung, wo es oft um Projekte der Umstrukturierung geht, Umorganisation, Optimierung von Abläufen usw. Diese stark menschlich orientierten Themen lassen sich wesentlich schlechter planen. Daher wird der Nutzen nicht so hoch gesehen, und der Zeitbedarf für die Erstellung eines Projektstrukturplanes ist vermutlich deshalb deutlich größer, weil man sich bei so schlecht greifbaren Dingen schwer tut, ein festes Raster zu generieren. Zu sehr hängt der weitere Verlauf eines Projektes von Zwischenergebnissen ab. Deshalb wird auch der Stressbedarf höher eingeschätzt als im Baubereich, wo immer wieder auf vorhandene Erfahrungen und Abläufe zurückgegriffen werden kann.

Tabelle 12: Nachhaltigkeit bei der Erstellung eines Projektstrukturplanes bei unterschiedlichem Fremdleistungsanteil

Fremdanteil:	niedrig		hoch	
Nutzen	4.6	+	5.4	++
Zeitfaktor	4.3	++	7.6	++
Stressfaktor	1.5	+	2.7	++
Nachhaltigkeit	4		6	

Interpretation

Der Nutzen bei Projekten mit hohem *Fremdleistungs-* und hohem *Materialanteil* wird größer eingeschätzt als bei Projekten mit entsprechend niedrigem Anteil. Auch ist der benötigte Zeitbedarf in den erstgenannten Projekten geringer und die Zeitersparnis entsprechend größer.

Tabelle 13: Nachhaltigkeit bei der Erstellung eines Projektstrukturplanes bei unterschiedlichem Materialanteil

Materialanteil:	niedrig		hoch	
Nutzen	4.4	+	5.2	++
Zeitfaktor	2.7	++	9.5	++
Stressfaktor	1.4	+	2.1	++
Nachhaltigkeit	4		6	

Deutung: Es scheint so, als wenn der Nutzen und Zeitvorteil mit zunehmendem Kontakt nach außen immer wichtiger wird bzw. von den Projektmanagern entsprechend höher eingeschätzt wird.

> Der Projektstrukturplan als Kommunikationsplattform nach außen.

Entsprechend den eben genannten Ergebnissen ist es fast schon selbstverständlich, dass bei Projekten mit großem Fremdanteil bzw. Materialanteil der Stress geringer eingestuft wird, wie er bei der Erstellung des Projektstrukturplans entsteht, und entsprechend die Ersparnis in den Folgephasen höher ausfällt.

Projekte, die in der *Linienorganisation* abgewickelt werden, sehen den Nutzen eines Projektstrukturplanes größer als solche, die in der Matrixorganisation abgewickelt werden. Dass Projekte in reiner Projektorganisation den niedrigsten Zeitbedarf haben, verwundert nicht. Allerdings wird auch die Zeitersparnis in Projekten mit reiner Projektorganisation am niedrigsten eingeschätzt (6 Prozent), während sie bei der Matrixorganisation immerhin schon knapp 12 Prozent und in der Linienorganisation gut 13 Prozent beträgt.

Tabelle 14: Nachhaltigkeit bei der Erstellung eines Projektstrukturplanes in den verschiedenen Organisationsformen

Organisation:	Linie		Matrix		Projekt	
Nutzen	5.3	++	4.6	+	4.8	+
Zeitfaktor	6.1	++	5.5	++	3.8	++
Stressfaktor	2.0	+	1.5	+	1.8	+
Nachhaltigkeit	5		4		4	

Erfassung der Ist-Situation

Bei der Erfassung der Istsituation geht es um drei Teilbereiche, nämlich um die Erfassung:
- der verbrauchten Arbeitsstunden
- der angefallenen Fremdkosten
- des erreichten Fortschrittsgrades

Die *Arbeitsstunden* werden bei großen Projekten zu 85 Prozent erfasst, während sie bei kleinen Projekten nur zu 53 Prozent ermittelt werden. Bei Projekten im Anlagenbau und Bauwesen sowie in der Entwicklung und Software werden sie mit 82 bis 83 Prozent wesentlich häufiger erfasst als in Projekten im Verwaltungs- und Dienstleistungsbereich (42 Prozent).

Die Erfassung der aufgelaufenen *Fremdkosten* ist in großen Projekten mit 89 Prozent deutlich größer als in kleinen Projekten (74 Prozent). Die Erfassung der Fremdkosten ist in Projekten mit hohem Fremdleistungs- und hohem Materialanteil fast 100 Prozent und in Projekten mit geringem Fremdleistungs- und Materialanteil etwa 70 bis 75 Prozent.

Interpretation 81

Tabelle 15: Erfassung der Fremdkosten

Branche	Prozentsatz
Anlagenbau/Bauwesen	100 %
Entwicklung/Software	91 %
Verwaltung/Dienstleistung	50 %

Die Ermittlung des erreichten *Fortschrittsgrades* ist in der Differenzierung in etwa analog zur Erfassung der Arbeitsstunden vorzufinden. So wird der Fortschrittsgrad bei großen Projekten eher ermittelt als bei kleinen Projekten, im Baubereich eher als im Verwaltungsbereich und bei Projekten mit wenig Fremdleistungs- und Materialanteil eher als bei solchen mit hohem Anteil.

Tabelle 16: Erfassung verschiedener Istwerte (branchenbezogen)

	Bauwesen	Entwicklung	Verwaltung
Ist-Stunden	82 %	83 %	42 %
Fremdkosten	100 %	91 %	50 %
Fortschrittsgrad	82 %	65 %	42 %

Bei der Erfassung der Istwerte wird der Nutzen mit 4.6 Punkten geringfügig niedriger eingestuft als der Nutzen eines Projektstrukturplanes. Der benötigte Zeitbedarf wird mit 3.3 Prozent benannt, während die Zeitersparnis mit 4 Prozent knapp darüber liegt. Hier ist zwar eine Nachhaltigkeit gegeben, aber nur noch relativ schwach. Erfreulicherweise wird der Stressbedarf bei der Erfassung von Istwerten mit 2.0 Punkten sehr niedrig eingestuft, aber auch die Stressersparnis mit 3.2 Punkten nicht sehr hoch bewertet, obwohl hierdurch trotzdem noch ein Nachhaltigkeitsfaktor von 1.6 erreicht wird. Im Übrigen ist festzustellen, dass die Istwerte eine mittlere Verzögerungszeit von 18 Tagen haben.

Bei der Betrachtung der Differenzierungen zeigt sich, wie schon beim Projektstrukturplan, dass in kleinen Projekten der Zeitbedarf für die Erfassung der Istwerte mit 6 Prozent deutlich höher angegeben wird als bei großen Projekten (2.6 Prozent), während die Zeitersparnis in kleinen Projekten sogar deutlich niedriger ausfällt als der Zeitbedarf (negative Nachhaltigkeit), während bei großen Projekten doch immerhin noch ein Vorteil gesehen wird (positive Nachhaltigkeit).

Tabelle 17: Nachhaltigkeit bei der Erfassung der Istwerte bei verschiedenen Projektgrößen

Projektgröße:	klein		groß	
Nutzen	4.6	+	4.7	+
Zeitfaktor	0.6	-	1.6	+
Stressfaktor	1.8	+	1.5	+
Nachhaltigkeit	1		3	

Bei der Differenzierung nach Branchen ist Folgendes erwähnenswert: Der Nutzen wird im Anlagenbau/Bauwesen mit 5.3 Punkten deutlich höher eingeschätzt als in den anderen Branchen. Der Zeitbedarf ist mit 5.8 Prozent im Bereich Verwaltung/Dienstleistungen deutlich höher als in den übrigen Bereichen, während die Zeitersparnis im Verwaltungsbereich deutlich niedriger eingestuft wird (1.7 Prozent). Während also in den anderen Branchen immerhin noch eine positive Nachhaltigkeit gesehen wird, ist die negative Nachhaltigkeit mit einem Nachhaltigkeitsfaktor von 0.3 im Verwaltungsbereich besonders groß.

Tabelle 18: Nachhaltigkeit bei der Erfassung der Istwerte in den verschiedenen Branchen

Branche:	Bauwesen		Entwicklung		Verwaltung	
Nutzen	5.3	++	4.4	+	4.6	+
Zeitfaktor	1.1	o	1.9	+	0.3	--
Stressfaktor	1.8	+	1.6	+	1.4	+
Nachhaltigkeit	3		3		0	

Bei der Differenzierung nach Organisationsformen sieht die Matrixorganisation den größten Nutzen, während die Linienorganisation den geringsten Nutzen darin sieht. Letztere verwendet deshalb wohl auch nur 0.5 Prozent der Projektlaufzeit für deren Erfassung, während die Matrixorganisation immerhin 4.4 Prozent der Projektlaufzeit dafür aufwendet. Entsprechend wird auch die Zeitersparnis eingeschätzt (0.6 Prozent bei der Linien- und 6.8 Prozent bei der Matrixorganisation).

Interpretation

Tabelle 19: Nachhaltigkeit bei der Erfassung der Istwerte in den verschiedenen Organisationsformen

Organisation:	Linie		Matrix		Projekt	
Nutzen	3.8	+	5.1	++	4.4	+
Zeitfaktor	1.3	+	1.6	+	0.7	-
Stressfaktor	2.5	++	1.6	+	1.4	+
Nachhaltigkeit	4		4		2	

Trendanalysen

Trendanalysen einschließlich Soll/Ist-Vergleichen werden in großen Projekten mit 67 Prozent wesentlich häufiger durchgeführt als in kleinen Projekten, die bei 26 Prozent liegen. Sie werden ferner im Baubereich wesentlich häufiger durchgeführt (64 Prozent) als im Bereich Verwaltung/Dienstleistung (33 Prozent). Entwicklungsprojekte liegen in der goldenen Mitte (52 Prozent).

Nicht alle Manager, die Istwerte erfassen, erstellen daraus auch Trendanalysen. Obwohl unter Trendanalysen im engeren Sinne das Prognostizieren der Endwerte gemeint ist, wird doch in dieser Auswertung der erweiterte Begriff einschließlich Soll/Ist-Vergleiche betrachtet. Der Nutzen solcher Analysen wird mit 4.7 Punkten recht hoch eingeschätzt. Der Zeitbedarf dafür wird mit 2.8 Prozent angegeben. Während bei der Erfassung der Istwerte noch eine positive Nachhaltigkeit hinsichtlich der Zeitbilanz gesehen wurde, ist die Nachhaltigkeit hinsichtlich der Zeitbilanz bei der Trendanalyse negativ ausgefallen. Allerdings sind die befragten Projektmanager der Ansicht, dass hinsichtlich des Stresses eine deutliche Nachhaltigkeit gegeben ist.

Tabelle 20: Nachhaltigkeit bei der Erstellung einer Trendanalyse

	Bewertung	
Nutzen	4.7	+
Zeitfaktor	0.8	o
Stressfaktor	1.7	+
Nachhaltigkeit	2	

Tabelle 21: Nachhaltigkeitsindex bei der Trendanalyse in verschiedenen Branchen

Branche	Punkte
Anlagenbau/Bauwesen	4
Entwicklung/Software	0
Verwaltung/Dienstleistung	5

Bei Projekten mit großem Fremdleistungsanteil ist die Stressnachhaltigkeit mit 2.4 deutlich höher als bei Projekten mit niedrigem Fremdleistungsanteil, wo hinsichtlich der Zeitersparnis sogar eine negative Nachhaltigkeit gegeben ist (Faktor 0.6). Der Nutzen einer Trendanalyse wird bei Projekten mit hohem Fremdleistungsanteil deutlich höher gesehen.

Tabelle 22: Nachhaltigkeitsindex einer Trendanalyse bei unterschiedlichem Fremdanteil

Fremdanteil	Punkte
niedrig	1
hoch	4

Erfassung von Störungen

Nach Branchen unterschieden ist festzustellen, dass im Verwaltungs- und Dienstleistungsbereich die Erfassung von Störungen wesentlich seltener anzutreffen ist als in den übrigen Projekten. Auch bei Projekten mit hohem Fremdleistungsanteil ist die Erfassung von Störungen seltener anzutreffen als in den anderen Projekten.

Tabelle 23: Erfassung von Störungen in verschiedenen Branchen

Branche	Prozentsatz
Anlagenbau/Bauwesen	73 %
Entwicklung/Software	70 %
Verwaltung/Dienstleist.	50 %

Interpretation

Die Störungserfassung wird mit 5.0 Punkten besonders nützlich eingestuft. Allerdings wird mit 3.3 Prozent der Projektdauer auch ein relativ hoher Zeitbedarf damit verbunden. Andererseits ist die Zeitersparnis mit 5.3 Prozent recht deutlich über dem Zeitbedarf. Wir haben also hier eine gute Nachhaltigkeit. Diese ist ebenso beim Stress gegeben, wo die Ersparnis in den Folgephasen ebenfalls deutlich höher eingeschätzt wird als der Bedarf bei der Erfassung.

Tabelle 24: Nachhaltigkeit bei der Erfassung von Störungen

	Bewertung	
Nutzen	5.0	++
Zeitfaktor	1.6	+
Stressfaktor	1.3	+
Nachhaltigkeit	4	

Es fällt auf, dass bei kleinen Projekten der Nutzen der Störungserfassung mit 5.5 Punkten deutlich höher bewertet wird als bei großen Projekten (4.7) und die damit verbundene Zeitersparnis mit 12 Prozent bei kleinen Projekten besonders hoch ausfällt, was zu einem Nachhaltigkeitsfaktor der Zeitbilanz von 2.9 führt gegenüber 1.1 bei großen Projekten. Auch die Stressbilanz ist mit einem Faktor 1.4 bei kleinen Projekten besser als bei großen Projekten (knapp 1.2). Insgesamt erreichen kleine Projekte einen sehr hohen Nachhaltigkeitsindex von +5, während große Projekte nur einen Index von +1 erreichen.

Ferner wird der für die Störungserfassung benötigte Zeitbedarf sowie die dadurch bedingte Zeitersparnis in der Branche Anlagenbau/Bauwesen sehr niedrig eingestuft, dafür allerdings die Stressersparnis besonders hoch. Ebenfalls auffallend ist die besonders hohe Stressersparnis mit hohem Fremdleistungsanteil. Einen recht hohen Nutzen sehen die Projektmanager von Projekten mit viel Material. Dem hingegen meinen Projektmanager, die ihre Projekte in einer Projektorganisation abwickeln, dass der Nutzen der Störungserfassung eher etwas niedriger einzustufen ist (4.5 Punkte). Mitarbeiter der Linienorganisation benötigen zur Störungserfassung nur 0.4 Prozent der Projektlaufzeit, gleich groß ist die Zeitersparnis. Dies sieht danach aus, als ob sie die Störungserfassung gar nicht durchführen. Dennoch aber, und das steht im Gegensatz dazu, sehen sie den Nutzen mit 5.5 Punkten besonders hoch. Außergewöhnlich hoch ist der Zeitbedarf in der Matrixorganisation, allerdings auch die Zeitersparnis (5.5 Prozent und 8.0 Prozent). Die Linienorganisation sieht in der Störungserfassung eine hohe Stressersparnis (5.0).

Situationsanalyse

Dass vor Durchführung von Steuerungsmaßnahmen eine genaue Situationsanalyse der Termin- und Kostensituation durchgeführt wird, scheint für große Projekte selbstverständlicher zu sein als für kleine Projekte. Besonders intensive Situationsanalyse betreiben die Projektleiter im Anlagenbau und Bauwesen. Das völlige Gegenteil stellen die Projektleiter in Verwaltungs- und Dienstleistungsprojekten dar. Bei Projekten mit hohem Fremdleistungs- und Materialanteil wird ebenfalls wesentlich häufiger vorab eine Situationsanalyse erstellt als bei Projekten mit geringem Fremdleistungs- und Materialanteil.

Tabelle 25: Anteil der Projekte, die eine Situationsanalyse durchführen

	Prozentsatz
Anlagenbau/Bauwesen	91 %
Entwicklung/Software	52 %
Verwaltung/Dienstleistung	25 %
niedriger Fremdanteil	47 %
hoher Fremdanteil	71 %
wenig Material	48 %
viel Material	61 %

In allen Bewertungen zur Nachhaltigkeit hat die Situationsanalyse von sämtlichen Bereichen des Projektmanagements mit 5.1 Punkten den höchsten Nutzen erhalten.

Die ausgeglichene Stressbilanz über alle Projekte stellt sich bei Differenzierung nach der Projektgröße anders dar, nämlich in der Weise, dass kleine Projekte eine hohe Stressnachhaltigkeit aufzuweisen haben, während große Projekte negative Stressnachhaltigkeit besitzen.

Interpretation

Tabelle 26: Nachhaltigkeit bei der Durchführung einer Situationsanalyse

	Bewertung	
Nutzen	5.1	++
Zeitfaktor	1.5	+
Stressfaktor	1.0	o
Nachhaltigkeit	3	

Die Nachhaltigkeit bei der Zeit ist bei kleinen Projekten geringfügig und bei großen Projekten deutlich größer, sodass summa summarum bei großen Projekten eine positive Zeitnachhaltigkeit eine negative Stressnachhaltigkeit gegenübersteht und insofern die etwas niedrigere Bewertung von 4.8 Punkten beim Nutzen verstanden werden kann. Daraus resultiert aber, dass bei kleinen Projekten, bei denen beide Nachhaltigkeitsfaktoren positiv sind, ein großer Nutzen gesehen werden muss. Dies ist mit 5.8 Punkten auch tatsächlich der Fall. Es soll aber an dieser Stelle nochmals daran erinnert werden, dass der Nutzen nicht nur die Zeitersparnis und Stressersparnis im Vergleich zum Bedarf darstellt, sondern vor allem den Informationsgewinn widerspiegelt.

Tabelle 27: Nachhaltigkeit bei der Durchführung einer Situationsanalyse bei verschiedenen Projektgrößen

Projektgröße:	klein		groß	
Nutzen	5.8	++	4.8	+
Zeitfaktor	1.1	o	1.6	+
Stressfaktor	1.5	+	0.7	-
Nachhaltigkeit	3		1	

Projekte im Entwicklungsbereich zeigen eine geringfügig negative Nachhaltigkeit in der Zeitbilanz, Projekte im Verwaltungsbereich eine relativ hohe Zeitersparnis, die bei 7.5 Prozent der Projektlaufzeit liegt (allerdings beträgt der Zeitbedarf auch 4.9 Prozent).

Projekte mit hohem Fremdleistungsanteil besitzen mit 7.7 Prozent Ersparnis eine große Nachhaltigkeit in der Zeit. Ferner ist die Stressersparnis bei Projekten mit hohem Fremdleistungsanteil mit 4.3 besonders hoch abgeschätzt worden, während bei Projekten mit niedrigerem Fremdanteil die Stressersparnis nur 3.0 beträgt und im Vergleich zum Bedarf hierbei sogar eine negative Nachhaltigkeit bedeutet. Ähnlich stellt sich die Situation beim Materialanteil dar.

Tabelle 28: Nachhaltigkeit bei der Durchführung einer Situationsanalyse bei unterschiedlichem Fremdanteil

Fremdanteil:	niedrig		hoch	
Nutzen	5.3	++	4.8	+
Zeitfaktor	0.9	o	2.3	++
Stressfaktor	0.7	-	1.3	+
Nachhaltigkeit	1		4	

Auffallend ist, dass der Zeitbedarf bei Projekten in der Projektorganisation deutlich niedriger ist als der Zeitbedarf in der Matrixorganisation. Allerdings ist die Nachhaltigkeit in der Zeit bei Projekten der Projektorganisation gleich null, während sie in der Matrixorganisation einen Faktor 1.9 ausmacht. Besonders hoch wird der Nutzen und auch die Stressersparnis von der Linienorganisation eingeschätzt. Hier zeigt sich auch eine hohe Nachhaltigkeit beim Stress, während die Stressnachhaltigkeit in der Projektorganisation deutlich negativ ausfällt.

Tabelle 29: Nachhaltigkeit bei der Durchführung einer Situationsanalyse in den verschiedenen Organisationsformen

Organisation:	Linie		Matrix		Projekt	
Nutzen	5.5	++	5.2	++	5.0	++
Zeitfaktor	k.A.	o	1.9	+	1.0	o
Stressfaktor	1.8	+	1.5	+	0.7	-
Nachhaltigkeit	3		4		1	

Verwendung eingesparter Zeit

Zusammengefasst kann gesagt werden, die eingesparte Zeit sollte aus Sicht der Firma für strategische Planungen, aus Sicht des Projektes für technische Planungen und Organisation (und eventuell noch für interne Kontakte) und aus Sicht des Betroffenen für die Verbesserung der internen Kontakte genutzt werden. Real wurde diese Zeit, sofern sich bereits Zeitersparnisse in der Vergangenheit ergaben, eingesetzt für technische Planung und Organisation.

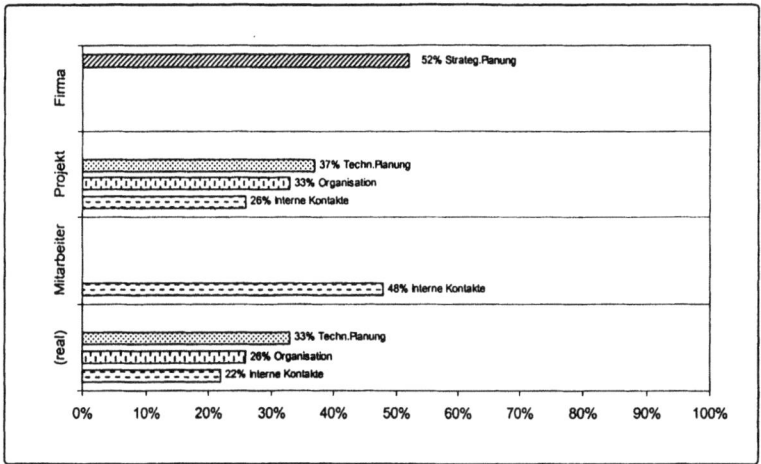

Abbildung 12: Häufigkeit der Verwendung eingesparter Zeit bei verschiedenen Sichtweisen

Bei der Betrachtung aus Sicht des Projektes gibt es bei Differenzierung nach Branchen geringfügige Abweichungen: Während über alle Projekte gemittelt die technische Planung und Organisation vorne liegen und die strategische Planung eine untergeordnete Rolle spielt, sehen Projektleiter des Anlagenbau/Bauwesens die Situation dahingehend anders, dass für sie zwar die technische Planung ebenfalls groß geschrieben wird, dann aber mit deutlichem Abstand zu den anderen Möglichkeiten die strategische Planung folgt. Im Entwicklungsbereich werden die Gewichtungen etwa so gesehen wie im allgemeinen Mittel, während aber im Verwaltungs- und Dienstleistungsbereich die ansonsten hoch bewertete technische Planung am geringsten bewertet wird und dafür die Organisation den größten Anteil besitzt, gefolgt von den internen Kontakten.

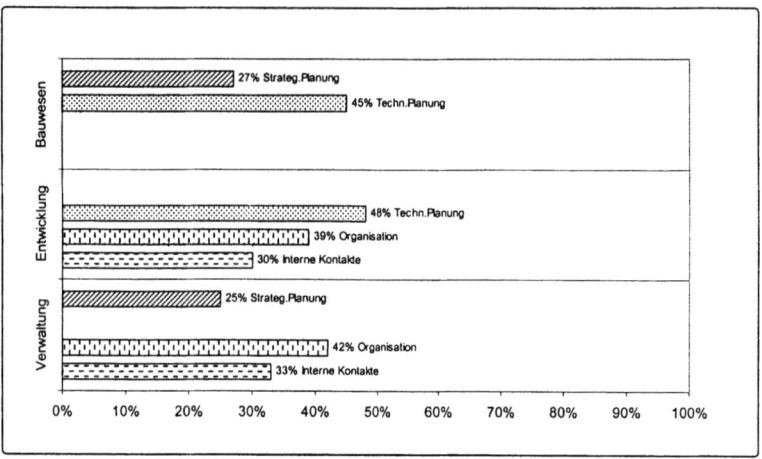

Abbildung 13: Wünschenswerte Verwendung der eingesparten Zeit aus Sicht des Projektes (branchenbezogen)

Aus Sicht der Betroffenen wurden in Projekten des Anlagenbaus und Bauwesens die Verbesserung der externen Kontakte mit 36 Prozent deutlich vor den übrigen Verbesserungsmöglichkeiten genannt; insbesondere die ansonsten stärkste Gruppe der Verbesserung interner Kontakte fällt mit 18 Prozent relativ niedrig aus.

Tabelle 30: Wünschenswerte Verwendung der eingesparten Zeit aus Sicht der Mitarbeiter (Betroffenen)

Branche	interne Kontakte	externe Kontakte
alle Projekte	48 %	22 %
Anlagenbau/Bauwesen	18 %	36 %

Deutung: Dies scheint ein ganz spezifisches Ergebnis der Branche zu sein, die besonders viel mit Fremdfirmen zusammenarbeitet, die oftmals beauftragt und dann nicht mehr weiter kontaktiert werden.

Interpretation

Obwohl dies die Schlussfolgerung nahe legen würde, dass Projekte mit hohem Fremdleistungsanteil schlecht laufen könnten und dies bezüglich der erreichten Qualität und der benötigten Projektdauer auch tatsächlich der Fall ist, liegen die Kosten aber besser als bei Projekten mit geringem Fremdleistungsanteil.

Beim *realen Einsatz* wird die technische Planung (33 Prozent) deutlich häufiger genannt als die Organisation (26 Prozent) und die Verbesserung interner Kontakte (22 Prozent). Bei kleinen Projekten wird aber an erster Stelle die Verbesserung interner Kontakte genannt, während sich große Projekte eine verbesserte technische Planung wünschen.

Tabelle 31: Verteilung der realen Einsatzarten bei unterschiedlichen Projektgrößen

Einsatzart	Projektgröße klein	groß
Strategische Planung	26 %	7 %
Technische Planung	16 %	44 %
Organisation	26 %	26 %
Interne Kontakte	32 %	15 %
Externe Kontakte	11 %	19 %

Bei Entwicklungs- und Softwareprojekten fällt die Nennung einer verbesserten technischen Planung besonders hoch aus. Bei Verwaltungs- und Dienstleistungsprojekten steht im Gegenzug die Verbesserung interner Kontakte ganz klar im Vordergrund, während die technische Planung überhaupt keine Rolle spielt.

Tabelle 32: Verteilung der realen Einsatzarten in verschiedenen Branchen

Einsatzart	Anlagenbau Bauwesen	Entwicklung Software	Verwaltung Dienstleist.
Technische Planung	27 %	52 %	0 %
Organisation	27 %	30 %	17 %
Interne Kontakte	18 %	13 %	42 %
Externe Kontakte	27 %	13 %	8 %

Bei Projekten mit geringem Fremdleistungsanteil wird die technische Planung im Vordergrund gesehen, bei großem Fremdleistungsanteil die Organisation. Ähnlich verhält es sich bei Projekten mit wenig Material, die ebenfalls die technische Planung im Vordergrund sehen, während bei Projekten mit viel Material die technische Planung und die Organisation wiederum im Vordergrund stehen, knapp gefolgt von der Verbesserung der internen Kontakte.

Planungszeiträume

Strategische Planungen finden im Gesamtmittel alle 1.6 Jahre statt. Dabei wird der benötigte Zeitbedarf mit 3.8 Prozent relativ hoch eingeschätzt. Demgegenüber steht aber eine Zeitersparnis von 11.6 Prozent.

Der Nutzen einer strategischen Planung kann gleichgesetzt werden mit dem Nutzen langfristiger Planungen, wie er bei den Fragen zur inneren Selbstbewegung bewertet wurde. Mit einem Mittelwert 4.9 von maximal 6 möglichen Punkten ist der Nutzen sehr hoch. Somit hat die Nachhaltigkeit von strategischen Planungen einen Index von +3 bis +4, was eine gute Nachhaltigkeit ergibt.

Die mittlere Zeitspanne zwischen zwei strategischen Planungen ist bei kleinen Projekten mit gut zwei Jahren deutlich größer als bei großen Projekten, wo sie alle 1¼ Jahre stattfinden. Eine ähnliche Veränderung ist innerhalb der Branchen festzustellen, wo im Anlagenbau und Bauwesen mit 1¼ Jahren die Zeitspanne am kürzesten ist und im Verwaltungs- und Dienstleistungsbereich mit gut zwei Jahren deutlich am größten ausfällt.

Tabelle 33: Nachhaltigkeit der strategischen Planung bei verschiedenen Projektgrößen

Projektgröße:	klein	groß
Periode	784 [d]	444 [d]
Zeitfaktor	5.2 ++	1.1 o
Stressfaktor	1.1 o	0.7 -

Interpretation

Die *Zeitbilanz* zeigt, dass bei großen Projekten eine Ausgeglichenheit gegeben ist und bei kleinen Projekten ein Faktor fünf zu Gunsten einer positiven Nachhaltigkeit festzustellen ist.

Bei der *Stressbilanz* haben wir das interessante Ergebnis, dass bei kleinen Projekten eine positive und bei großen Projekten eine negative Stressbilanz festzustellen ist. Bei der Differenzierung nach Branchen zeigt sich eine stark positive Stressbilanz im Anlagenbau/Bauwesen, während in den beiden übrigen Branchenbereich Entwicklung/Software und Verwaltung/Dienstleistungen negative Stressbilanzen vorzufinden sind. Hinsichtlich der Zeitbilanz ist im Bauwesen und in der Verwaltung von einer mehr oder weniger ausgewogenen Bilanz auszugehen, während im Bereich der Entwicklung und Software von einem Nachhaltigkeitsfaktor 6 gesprochen werden darf.

Tabelle 34: Nachhaltigkeit der strategischen Planung (branchenbezogen)

Branche:	Bauwesen	Entwicklung	Verwaltung
Periode	446 [d]	573 [d]	743 [d]
Zeitfaktor	1.3 +	5.9 ++	1.1 o
Stressfaktor	1.6 +	0.7 -	0.8 o

Letzteres gilt auch bei Projekten mit wenig Fremdleistung (Nachhaltigkeitsfaktor 3) und bei Projekten mit viel Material (Nachhaltigkeitsfaktor 5). Auffallend ist auch der Unterschied in der Stressersparnis bei der Differenzierung nach Fremdleistung und Material. Während der Stressbedarf in allen Fällen etwa gleiches Niveau hat, wird die Stressersparnis bei Projekten mit wenig Fremdleistung mit 2.7 auf der 6-Punkte-Skala sehr niedrig eingestuft, während sie bei Projekten mit viel Fremdleistung mit 3.8 eingestuft wird. Der Unterschied zwischen Projekten mit wenig Material (2.2) und Projekten mit viel Material (3.7) fällt noch deutlicher aus.

Tabelle 35: Nachhaltigkeit der strategischen Planung in den
verschiedenen Organisationsformen

Organisation:	Linie	Matrix	Projekt
Periode	410 [d]	633 [d]	580 [d]
Zeitfaktor	1.3 +	8.2 ++	1.0 o
Stressfaktor	1.6 +	1.0 o	0.53 -

Sehr auffallend sind die Unterschiede bei der Differenzierung nach der Organisationsform. Hier beträgt der Zeitbedarf für strategische Planungen in der Matrixorganisation nur 2½ Prozent, während er in der Linienorganisation mit 10 Prozent am höchsten ist. Dem hingegen ist in der Projektorganisation die geringste Zeitersparnis mit 4 Prozent anzutreffen und in der Matrixorganisation mit 20 Prozent die höchste Ersparnis. Hieraus ergibt sich, dass in der Linien- und Projektorganisation keine Nachhaltigkeit existiert. Ein sehr hoher Nachhaltigkeitsfaktor von 8 ergibt sich in der Matrixorganisation. Die Stressbilanz ist in der Projektorganisation stark negativ, in der Matrixorganisation ausgeglichen und in der Linienorganisation sehr positiv.

Die *kurzfristigen Planungen* finden im Mittel etwa alle 3½ Monate statt. Unterschiede sind zwischen kleinen und großen Projekten festzustellen. So beträgt bei großen Projekten die mittlere Planungsperiode nur 63 Tage, während sie bei kleinen Projekten 160 Tage beträgt. Die Manager in kleinen Projekten wenden doppelt so viel Zeit für die Planung auf als die Manager in großen Projekten, glauben aber auch an eine achtfache Zeitersparnis in den Folgephasen. Daraus ergibt sich ein Nachhaltigkeitsfaktor von fast 2 bei kleinen Projekten und eine negative Nachhaltigkeit von knapp 0.6 bei großen Projekten.

Tabelle 36: Nachhaltigkeit der kurzfristigen Planung
bei verschiedenen Projektgrößen

Projektgröße:	klein	groß
Periode	160 [d]	63 [d]
Zeitfaktor	1.9 +	0.5 -
Stressfaktor	1.0 o	0.9 o

Interpretation

Bei der Differenzierung nach Branchen zeigt sich, dass im Anlagenbau/Bauwesen alle drei Wochen eine Neuplanung durchgeführt wird. Im Bereich der Entwicklung und Software liegt der Planungszeitraum mit gut drei Monaten beim allgemeinen Mittelwert, während im Verwaltungs- und Dienstleistungsbereich dieser gut sieben Monate beträgt.

Tabelle 37: Nachhaltigkeit der kurzfristigen Planung in den verschiedenen Branchen

Branche:	Bauwesen	Entwicklung	Verwaltung
Periode	22 d	102 d	224 d
Zeitfaktor	0.9 o	2.5 ++	0.5 -
Stressfaktor	1.1 o	0.9 o	0.7 -

Ähnlich gravierende Unterschiede zeigen sich bei der Differenzierung nach Organisationsform, wo in der Linienorganisation mit zwei Wochen der Planungszeitraum am niedrigsten und mit knapp fünf Monaten in der Matrixorganisation am größten ist. Ferner ist man in der Linienorganisation der Meinung, dass nur 0.3 Prozent der Zeit für die Planung benötigt wird, während in der Projektorganisation sowohl die Periode als auch der Zeitbedarf etwa das Zehnfache beträgt. Die Matrixorganisation benötigt fast genauso viel wie die Projektorganisation. Dementgegen ist aber auch die Zeitersparnis in der Linienorganisation mit 0.4 Prozent ebenfalls sehr niedrig angegeben worden, während sie in der Matrixorganisation mit 4.3 Prozent zehnmal so hoch ausfällt.

Tabelle 38: Nachhaltigkeit der kurzfristigen Planung in den verschiedenen Organisationsformen

Organisation:	Linie	Matrix	Projekt
Periode	15 d	140 d	93 d
Zeitfaktor	1.4 +	1.7 +	0.6 -
Stressfaktor	1.6 +	0.8 o	0.9 o

Zum Thema „*Feuerwehr*"-*Aktionen* ist zu bemerken, dass im Durchschnitt etwas mehr als eine Aktion pro Monat in der Gesamtheit aller Projekte stattfindet. Dabei ergibt sich eine negative Zeitbilanz und auch eine negative Stressbilanz und dies durchgehend durch alle Projekte, egal nach welcher Differenzierung sie unterschieden werden.

Tabelle 39: Nachhaltigkeit von „Feuerwehr"-Aktionen

Häufigkeit	13.5	pro Jahr
Zeitfaktor	0.6	-
Stressfaktor	0.5	-

Interessant ist, dass bei großen Projekten die Zahl der „Feuerwehr"-Aktionen nur halb so groß ist wie bei kleinen Projekten. Ferner finden im Verwaltungs- und Dienstleistungsbereich dreimal so viel „Feuerwehr"-Aktionen statt wie im Bauwesen und in der Innovationsbranche. Ebenso signifikant groß ist die Zahl der „Feuerwehr"-Aktionen in der Linienorganisation, wo sie mehr als doppelt so groß ist wie in der Matrixorganisation. Hier wird auch ein besonders hoher Stress angegeben.

Tabelle 40: Anzahl der „Feuerwehr"-Aktionen

	Anzahl	
kleine Projekte	18.8	pro Jahr
große Projekte	9.2	
Anlagenbau/Bauwesen	8.9	
Entwicklung/Software	8.9	
Verwaltung/Dienstleistung	29.3	
Linienorganisation	22.2	
Matrixorganisation	9.6	
Projektorganisation	14.0	
alle Projekte	13.5	

2.2.4 Selbstlerneffekt

Anpassung des Projektmanagements

Im Anlagenbau/Bauwesen ist die Anpassung des Projektmanagements an neue, aktuelle Situationen relativ hoch, die im Entwicklungsbereich geringer zu sein scheint und im Verwaltungs- und Dienstleistungsbereich am geringsten ausfällt.

Tabelle 41: Anpassung des Projektmanagements (max. 6 Punkte)

	Bewertung
Anlagenbau/Bauwesen	4.3
Entwicklung/Software	3.2
Verwaltung/Dienstleistung	2.6
alle Projekte	3.3

Grundsätze kippen

Eine andere interessante Frage versuchte herauszufinden, wie oft Grundsätze, die einmal aufgestellt wurden, durch den Alltag bedingt einfach gekippt werden. Im Durchschnitt über alle Projekte ist dies 1.2 mal pro Monat der Fall, wobei die Differenzierungen kaum Unterschiede aufweisen, mit Ausnahme der Differenzierung nach der Organisationsform, wo in der Linienorganisation mit 0.6 nur halb so oft Grundsätze gekippt werden, während in der Matrixorganisation mit 1.6 deutlich mehr Grundsätze außer Acht gelassen werden.

Tabelle 42: Anzahl gekippter Grundsätzen pro Monat

	Anzahl	
Linienorganisation	0.6	pro Monat
Matrixorganisation	1.6	
Projektorganisation	1.0	
alle Projekte	1.2	

Wir können also sagen, dass die *Linienorganisation* starr in ihren Regeln ist. Das Kippen von Grundsätzen ist hier doktrinmäßig nicht erlaubt. Interessant ist dann allerdings, dass gerade diese Organisationsform bei der Anpassung ihres Projektmanagements mit 3.8 den höchsten

Wert angibt. Ist hier eine unkritische Selbsteinschätzung zu bescheinigen oder sind die Grundsätze deshalb so selten gekippt, weil durch schnelle und rechtzeitige Anpassung des Projektmanagements dies nicht erforderlich ist? Oder gibt es gar so wenig Grundsätze, dass gar nicht so viele gekippt werden können? Eine andere Interpretation könnte auch so aussehen: Die Zahl der kritischen Situationen ist in der Linienorganisation genauso häufig wie beispielsweise in der Matrixorganisation. Diese kann nun einerseits als Störung betrachtet werden, durch die Grundsätze gekippt werden, oder andererseits als natürliche Folge der Projektevolution, wobei die notwendigen Maßnahmen dann nicht als Maßnahmen der Störungsbeseitigung angesehen werden (Grundsätze kippen), sondern als logische Anpassung des Projektmanagements an die Gegebenheit. Hier wäre es also lediglich eine Betrachtungsweise bei ein und demselben objektiven Sachverhalt. Mit dieser Interpretation würde das bedeuten, dass die Linienorganisation die positive Seite der Medaille betrachtet, nämlich dass eine bestimmte Veränderung eben auf die dynamische Flexibilität der Mitarbeiter zurückzuführen ist und es sich selbstverständlich nicht um das Kippen von Grundsätzen handelt, während in der Matrixorganisation eher die pessimistische Seite der Medaille gesehen wird, d. h. zu gern die resignierende Haltung: „*Wir mussten wieder mal einen Grundsatz kippen*" angenommen wird. Hier mögen auch Kompetenzrangeleien zwischen Projekt und Linie, also zwischen Fach- und Disziplinarvorgesetzten eine Rolle spielen.

Fehlende Informationen

Insgesamt gibt es über alle Projekte gemittelt 9.6 fehlende Informationen zu Beginn einer Besprechung, während die mittlere Zahl der fehlenden Informationen am Ende einer Besprechung nur noch 3.9 beträgt. Wir haben hier also über alle Projekte gemittelt einen Klärungsfaktor von 2.5, oder umgekehrt gesagt, die verbleibende Unsicherheit beträgt noch 40 Prozent der Ursprünglichen. Ferner können spezifische Werte angegeben werden, d. h. Werte pro Teilnehmer. So hatte über alle Projekte gemittelt ein Besprechungsteilnehmer zu Beginn der Besprechung 2.1 fehlende Informationen und zum Ende der Besprechung hin nur noch 0.8 fehlende Informationen.

Interpretation

Tabelle 43: Fehlende Informationen (alle Projekte)

zu Beginn einer Besprechung	9.6
am Ende einer Besprechung	3.9
Klärungsfaktor	2.5 *
Restunsicherheit	40 %

Hinsichtlich des *Klärungsfaktors* lässt sich noch ergänzen, dass dieser mit 2.0 in der Entwicklung deutlich niedriger ist als im Anlagenbau/Bauwesen und der Verwaltung.

Deutung: Dies mag am hohen Kreativitätsgrad von Projekten im Innovationsbereich (Entwicklung/Software) liegen, sodass hier immer wieder neue Ideen die endgültige Klärung offener Fragen verhindern.

Bei der Differenzierung nach Fremdleistung ist der Klärungsfaktor bei Projekten mit wenig Fremdanteil mit 2.4 etwas geringer als bei Projekten mit hohem Fremdanteil, wo er 2.7 beträgt.

Tabelle 44: Anzahl offener Fragen (fehlende Informationen) am Anfang und am Ende einer Besprechung und der sich daraus ergebende Klärungsfaktor von Besprechungen

	Beginn	Ende	Faktor
Anlagenbau/Bauwesen	11.1	3.6	3.1 *
Entwicklung/Software	9.1	4.5	2.0 *
Verwaltung/Dienstleistung	9.4	2.7	3.4 *
Linienorganisation	5.7	1.2	4.9 *
Matrixorganisation	9.1	4.9	1.9 *
Projektorganisation	11.9	3.8	3.2 *

Ein anderer sehr deutlicher Unterschied ist noch bezüglich fehlender Information am Ende einer Besprechung gegeben. Während der Klärungsfaktor in der Matrixorganisation nur 1.9 beträgt und somit immer noch 4.9 offene Informationen überbleiben, beträgt der Klärungsfaktor in der Projektorganisation 3.2, was noch 3.8 offene Informationen bedeutet. Völlig anders aber ist es in der Linienorganisation, wo der Klärungsfaktor immerhin 4.9 beträgt, sodass nur 1.2 offene Probleme übrigbleiben. Arbeitet die Linienorganisation also besonders effektiv, oder wird hier einfach von oben herab entschieden? Ist hier der diktatorische Führungsstil vorherrschend?[10] Oder hängt der hohe Klärungsfaktor vielleicht mit der großen Anpassung des Projektmanagements oder dem seltenen Kippen von Grundsätzen zusammen? Allerdings könnte auch anders herum argumentiert werden: Die hohen Klärungsfaktoren in der Linien- und Projektorganisation sind quasi normal, während aber Besprechungen in der Matrixorganisation einen sehr geringen Klärungsfaktor aufweisen. Dies könnte nämlich an dem zwischen Linienabteilungen und Projekt notwendigen Abstimmungsproblem liegen, welches bekannterweise immer wieder dazu führt, dass man sich nicht einig wird.

Teilnehmerzahl an Besprechungen

Es fällt auf, dass im Mittel über alle Projekte durchschnittlich fünf Mitarbeiter an Besprechungen teilnahmen. Dies ist um so verwunderlicher, als dass die Unternehmen selbst angegeben haben, dass ab sechs Teilnehmern die Gruppen zu groß werden und sie dieses sehr ungünstig bewertet haben. Da frage ich mich also, warum überhaupt fünf Teilnehmer daran teilgenommen haben. Sicherlich nicht nur um die Erfahrungen zu sammeln, dass dies zu viele sind und um mir Forschungsmaterial zu liefern. Sicherlich auch deshalb, weil die Mitarbeiter (wie immer wieder beobachtet werden konnte) nichts dazulernen und immer wieder denselben Fehler machen. Nach den oben genannten Bewertungen für die verschiedenen Besprechungsgrößen hätte ich maximal vier Teilnehmer erwartet. So ist die durchschnittliche Teilnehmerzahl in kleinen Projekten mit 4.6 auch deutlich geringer als in großen Projekten, wo sie 5.5 beträgt. Besprechungen in der Projektorganisation führen mit 5.8 Teilnehmern vor Besprechungen der Matrixorganisation mit 5.0 Teilnehmern und Besprechungen in der Linienorganisation mit 3.5 Teilnehmern.

---

[10] Letzteres ist laut Umfrage scheinbar nicht gegeben.

Interpretation

Tabelle 45: Anzahl von Besprechungsteilnehmern

	Anzahl
kleine Projekte	4.6
große Projekte	5.5
Linienorganisation	3.5
Matrixorganisation	5.0
Projektorganisation	5.8
alle Projekte	5.1

Anzahl von Besprechungen

Es werden 5.5 Besprechungen pro Monat in allen Projekten durchgeführt. Differenziert nach Branchen zeigt sich, dass in der Verwaltung die Zahl der Besprechungen deutlich niedriger ist, ebenso bei Projekten mit viel Fremdleistungen oder viel Material sowie in der Linienorganisation.

Die geringste Anzahl von Besprechungen finden wir bei:

- Verwaltung und Dienstleistungen
- Linienorganisation
- hoher Fremdanteil
- viel Material

Die Tatsache, dass bei Projekten mit einem hohen Anteil an Fremdleistungen und Material die Häufigkeit der Besprechungen niedriger ist als bei geringem Anteil, deutet auf die Haltung hin, die sich wie folgt ausdrücken lässt: „*Der Job ist vergeben, der läuft nun von allein. Die Bestellung ist raus, jetzt brauche ich nur noch auf die Lieferung warten.*". In diesem Fall wird dem gerade bei Fremdvergabe höheren Koordinationsaufwand keine gebührende Rechung getragen. Es sind gerade diese Projekte, die sich durch eine schlechtere Termintreue und schlechtere Qualität auszeichnen.

Anzahl gleichzeitiger Projekte

Die Projektmanager geben an, dass sie 7 Projekte gleichzeitig zu bearbeiten hätten (über alle Befragte gemittelt). Hier ist auffallend, dass diese Zahl mit 11 im Anlagenbau/Bauwesen am größten ist und in der Verwaltung/Dienstleistung mit 3.8 am niedrigsten. Außerdem ist die

Zahl bei Projekten mit hohem Fremdleistungsanteil doppelt so hoch wie bei niedrigen und bei Projekten mit viel Material etwa 50 Prozent größer als bei Projekten mit wenig Material.

Tabelle 46: Anzahl von Projekten nach verschiedenen Kriterien differenziert

	Anzahl
Anlagenbau/Bauwesen	11.0
Entwicklung/Software	7.1
Verwaltung/Dienstleistung	3.8
niedriger Fremdanteil	5.5
hoher Fremdanteil	10.7
wenig Material	5.5
viel Material	8.5
alle Projekte	7.0

Aus meinen Beratungsaktivitäten ist mir bekannt, dass gerade im Baubereich der Bauleiter sehr viel Projekte (Bauvorhaben) gleichzeitig betreut. Er ist ständig auf Rundreise. Da überrascht das Ergebnis von 11 Projekten nicht mehr allzu sehr.

Die Tatsache, dass bei Projekten mit einem hohen Fremdanteil bzw. hohem Materialanteil die Zahl der gleichzeitig verwalteten Projekte deutlich größer ist als bei niedrigem Anteil, deutet auf die Haltung hin: *„Der Job ist raus, der läuft nun von allein, ich kann mich jetzt um anderes kümmern. Die Bestellung ist raus, jetzt brauche ich nur noch auf die Lieferung warten, ich kann mich jetzt um anderes kümmern."*.

Anzahl geplanter Arbeitspakete pro Projekt

Über alle Projekte gemittelt wird angegeben, dass 24 Arbeitspakete pro Projekt geplant werden. Diese Zahl ist mit 15 Arbeitspaketen bei kleinen Projekten deutlich niedriger als bei großen Projekten, wo sie 33 beträgt. Dieses scheint logisch und sinnvoll.

Die Zahl der Arbeitspakete ist im Entwicklungsbereich mit 31 am größten und in der Verwaltung/Dienstleistung mit 5 deutlich am niedrigsten. Diese Tatsache deutet auf wenig Planungsfreude im Verwaltungsbereich hin, was auch in der Frage nach kurzfristigen Planungen durch die negative Nachhaltigkeit belegt wird. Allerdings

Interpretation

wird bei der Bewertung der Nachhaltigkeit eines Projektstrukturplanes diesem eine große Nachhaltigkeit von +4 bescheinigt, welche einen nicht lösbaren Widerspruch darstellt.

Bei der Differenzierung nach Organisationsform ist die Zahl der Arbeitspakete pro Projekt mit 2.5 in der Linienorganisation am niedrigsten und mit 34 in der Matrixorganisation am größten. Der erstaunlich niedrige Wert bei der Linienorganisation lässt die Haltung vermuten: *„Der Chef sagt, wo es lang geht, denn er hat alles im Griff. Der Mitarbeiter braucht sich um nichts Gedanken zu machen."*

Tabelle 47: Anzahl geplanter Arbeitspakete pro Projekt nach verschiedenen Kriterien differenziert

	Anzahl
kleine Projekte	15
große Projekte	33
Anlagenbau/Bauwesen	23
Entwicklung/Software	31
Verwaltung/Dienstleistung	5
Linienorganisation	2 ½
Matrixorganisation	34
Projektorganisation	17
alle Projekte	24

2.2.5 Projektmanagementhilfsmittel

Zeit- und Stressbedarf

Sieht man einmal von der Projektplanung ab, für die ein relativ hoher Zeitbedarf naturgemäß veranschlagt wurde, liegt die Schätzung des Zeitbedarfs für die Projektverfolgung, Projektsteuerung, Kommunikation und Störungsanalyse mit Hilfe der Projektmanagementhilfsmittel im mittleren Bereich.

Tabelle 48: Zeit- und Stressbedarf in den verschiedenen Bereichen des Projektmanagements (max. 6 Punkte)

Managementbereich	Zeitbedarf	Stressbedarf
Planung	4.1	3.6
Verfolgung	3.2	2.9
Steuerung	3.0	3.1
Kommunikation	3.3	2.6
Störungsanalyse	2.9	3.6

Auffallend ist dabei allerdings, dass innerhalb dieser vier Bewertungskriterien die Kommunikation mit 3.3 Punkten relativ hoch abschneidet und die Störungsanalyse mit 2.9 am niedrigsten. Umgekehrt ist es beim Stressbedarf, der bei der Kommunikation mit 2.6 Punkten am niedrigsten bewertet wird, während er bei der Störungsanalyse mit 3.6 Punkten am höchsten ausfällt. Dieser Wert ist sogar gleich hoch mit dem Stress bei der Projektplanung.

Deutung: Zu diesen beiden Tendenzen ließe sich eine Vermutung äußern. Kommunikation heißt reden, und reden dauert oft lange (denken wir nur an die langatmigen Besprechungen), wirkt aber befreiend, sodass der damit verbundene Stress gering ist (für manche auch ein Kaffeepäuschen mit Kaffee und Keksen). Oder etwas weniger spaßhaft interpretiert kann auch die Tatsache dahinter stecken, dass bei Kommunikation auf Basis des recht objektiven Zahlenmaterials, welches durch die Projektmanagementhilfsmittel erstellt wird, kein großartiger Streit ausbricht und kein langes Tauziehen um Objektivität entfacht wird. Der Zeitbedarf, Störungen zu erfassen, scheint relativ niedrig zu sein, weil sich diese ja dem Projektmanager förmlich aufdrängen. Ohne sein Wollen und Zutun sind sie plötzlich da. Diese zu erfassen ist dann der geringste Aufwand. Anders allerdings der damit verbundene Stress. Die Analyse erfordert das Herausfinden des Schuldigen und der Ursachen. Dadurch ist ein höherer Stress gegeben. Auch die Beseitigung der Störung ist intensiv und stressig.

Interpretation 105

Tabelle 49: Zeitbedarf für die Anwendung von Projektmanagementhilfsmitteln in den verschiedenen Bereichen des Projektmanagements

Managementbereich	Linie	Matrix	Projekt
Planung	4.0	4.3	3.9
Verfolgung	4.3	3.1	3.1
Steuerung	4.5	3.2	2.7
Kommunikation	3.3	3.4	3.1
Störungsanalyse	3.3	2.9	2.9

Die Differenzierung des Zeitbedarfs nach der Organisationsform ist von großem Interesse. Es zeigt sich, dass in allen Bereichen des Projektmanagements der Zeitaufwand in der Projektorganisation am niedrigsten ist, während er in der Linienorganisation fast überall am höchsten ist. Man möchte dazu neigen zu behaupten, dass Projektmitarbeiter der Linienorganisation weniger Übung im Umgang mit solchen Tools haben und deshalb mehr Zeit benötigen als Mitarbeiter der Projektorganisation.

Tabelle 50: Stressbedarf für die Anwendung von Projektmanagementhilfsmitteln in den verschiedenen Bereichen des Projektmanagements

Managementbereich	Linie	Matrix	Projekt
Planung	3.3	3.6	3.5
Verfolgung	3.7	3.0	2.6
Steuerung	3.3	2.9	3.2
Kommunikation	2.3	2.6	2.8
Störungsanalyse	4.0	3.9	3.2

Beim Stressbedarf ist eine solche Klarheit nicht gegeben. Bei der Projektverfolgung haben Linienmitarbeiter[11] den größten Stress und Projektmitarbeiter den niedrigsten. Bei der Kommunikation ist es eher

---

[11] Hiermit sind Mitarbeiter des Projektes gemeint, die organisatorisch in der Linie „aufgehängt"sind, im Gegensatz zu Mitarbeitern des Projektes, die einer reinen Projektorganisation angehören (Projektmitarbeiter).

umgekehrt, dort haben die Linienmitarbeiter den niedrigsten Stress und die Projektmitarbeiter einen höheren.

Nutzen und Nutzkoeffizient

Interessant ist auch die Bewertung des Nutzens der Projektmanagementprogramme für die Projektplanung und die übrigen Phasen. Der Nutzen wird für die Planung besonders hoch bewertet, während er für die Projektverfolgung und die Projektsteuerung geringfügig eingestuft wird. Deutlich abgefallen ist aber der Nutzen für die Kommunikation und die Störungsanalyse.

Ein anderer deutlicher Unterschied ist beim Nutzen der Projektmanagementtools gegeben, wenn eine Differenzierung nach großen und kleinen Projekten vorgenommen wird. Durchweg wird der Nutzen bei großen Projekten deutlich geringer eingestuft als bei kleinen Projekten.

Von wesentlich größerer Bedeutung als der absolute Zeitbedarf bzw. Stressbedarf und der Nutzen ist der Koeffizient aus diesen Größen, der so genannte *Nutzkoeffizient*. Dieser ergibt sich als

$$\kappa = \frac{2*\text{Nutzen}}{\text{Zeitbedarf} + \text{Stressbedarf}}$$

Wenn dieser Koeffizient κ=1 ist, halten sich Nutzen und Aufwand die Waage. Wenn der Koeffizient κ größer als 1 ist, bedeutet dies, dass mehr Nutzen herausgeholt wird als Zeit und Stress hineingesteckt wird. Umgekehrt bedeutet ein Koeffizient kleiner als 1, dass der Nutzen geringer ist als der hineingesteckte Zeit- und Stressaufwand. Es zeigt sich über alle Projekte gemittelt, dass die Projektplanung, -verfolgung und -steuerung recht nachhaltig ist (Anmerkung: Ein Nutzkoeffizient größer als 1 bedeutet eine positive Nachhaltigkeit, während ein Nutzkoeffizient kleiner als 1 eine negative Nachhaltigkeit darstellt).

Hinsichtlich der Störungsanalyse wird einem Projektmanagementtool allerdings eine geringfügig negative Nachhaltigkeit bescheinigt. Wie schon beim Nutzen besprochen, zeigt auch der Nutzkoeffizient bei kleinen Projekten einen deutlich nachhaltigeren Wert als bei großen Projekten.

Interpretation

Tabelle 51: Nutzkoeffizient für die Anwendung von Projektmanagementhilfsmitteln in den verschiedenen Bereichen des Projektmanagements

Managementbereich	Nutzkoeffizient
Planung	1.2
Verfolgung	1.4
Steuerung	1.3
Kommunikation	1.0
Störungsanalyse	0.9

Besonders signifikant sind die Abweichungen des Nutzkoeffizienten bei der Störungsanalyse, wenn eine Differenzierung nach Branchen vorgenommen wird. So wird die Nachhaltigkeit im Anlagenbau sehr negativ gewertet (Faktor 0.7), in der Entwicklung leicht negativ (0.9) und im Verwaltungs- und Dienstleistungsbereich recht positiv (1.2).

Tabelle 52: Nutzkoeffizient bei der Störungsanalyse in den verschiedenen Branchen

Branche	Nutzkoeffizient
Anlagenbau/Bauwesen	0.7
Entwicklung/Software	0.9
Verwaltung/Dienstleistung	1.2

Bei der Differenzierung nach Fremdleistung fällt besonders auf, dass die Projektverfolgung in Projekten mit einem hohen Fremdleistungsanteil mit einem Nutzkoeffizienten von 1.8 besonders hoch ausfällt. Dieses ist darauf zurückzuführen, dass sowohl der Zeitbedarf als auch der Stressbedarf sehr niedrig eingeschätzt werden, dem hingegen der Nutzen sehr hoch. Beide Effekte verstärken einander und ergeben somit eine sehr hohe Nachhaltigkeit.

Deutung: Wenn wir uns fragen, in welchen Projekten die Fremdleistung sehr stark vertreten ist, dann ist dies vor allem der Bereich des Bauwesens. Hier aber müssen nur die Rechnungen erfasst werden, was sehr schnell geht, und man hat dadurch eine sehr effektive Kostenkontrolle, d. h. Zeit- und Stressaufwand sind sehr gering und der Nutzen sehr hoch. Dies ließe erwarten, dass bei der Differenzierung nach Branchen im Bereich Anlagenbau/Bauwesen ebenfalls ein hoher Nutzkoeffizient in der Projektverfolgung anzutreffen ist. Dies ist mit einem Faktor 1.5 tatsächlich der Fall.

Tabelle 53: Nutzkoeffizient für die Anwendung von Projektmanagementhilfsmitteln in den verschiedenen Bereichen des Projektmanagements, differenziert nach der Organisationsform

Managementbereich	Linie	Matrix	Projekt
Planung	1.0	1.2	1.3
Verfolgung	1.0	1.4	1.4
Steuerung	0.9	1.2	1.4
Kommunikation	0.9	0.9	1.1
Störungsanalyse	1.0	0.8	0.9

Bei der Differenzierung nach der verwendeten Organisationsform fällt auf, dass die Projektplanung, -verfolgung und -steuerung in der Projektorganisation den höchsten Nutzkoeffizienten aufweisen, knapp gefolgt von den Projekten in der Matrixorganisation. Deutlich fallen die Projekte in der Linienorganisation ab, in denen keine positive Nachhaltigkeit gesehen wird.

W-Fragen

Wie gut die verschiedenen W-Fragen durch Projektmanagementtools unterstützt werden, wird von den Projektmanagern wie folgt gesehen: Die Fragen, *was* zu tun ist, *wer* es tun soll und *wann* es getan werden soll, werden über alle Projekte betrachtet als relativ gut beantwortet. Während die übrigen Fragen, *wie* es getan werden soll, *wo* es getan werden soll, *womit* es getan werden soll, *woher* die Ressourcen kommen und *wohin* die Ressourcen gehen, sehr niedrig eingestuft werden. Die Frage, *wen* es betrifft, wird als mittelmäßig beantwortet.

Interpretation

Tabelle 54: Bewertung der W-Fragen

W-Frage	Punkte
Was	4.2
Wer	4.2
Wann	4.1
Wie	1.9
Wo	2.1
Womit	2.1
Woher	2.5
Wohin	2.3
Wen	2.8

Die Projektmanager der Projektorganisation betrachten die Unterstützung der *wer*-Frage durch die Projektmanagementtools sehr positiv, während die Mitarbeiter der Matrixorganisation es nur als sehr mittelmäßiges Hilfsmittel betrachten.

Tabelle 55: Bewertung der *Wer*-Frage, differenziert nach der Organisationsform

W-Frage	Linie	Matrix	Projekt
Wer	4.3	3.6	4.8

Deutung: Die Ursache liegt vermutlich darin, dass der Projektleiter einer Projektorganisation vollen disziplinarischen und fachlichen Zugriff auf seine Mitarbeiter hat und diese demzufolge auch sehr effektiv einsetzen kann. Ihm nützt die Planung also durchaus in gewisser Weise. Bei der Matrixorganisation muss sich der Projektleiter, der bestenfalls fachliche Weisungsbefugnis hat, die Mitarbeiter aus der Linie „zusammenklauen", was immer wieder von zahlreichen Störungen begleitet ist. Dies führt dann sicher zu der Einschätzung „*mir nützt die Planung hinsichtlich wer soll es tun ja ohnehin nichts*" und deshalb die niedrige Einstufung mit 3.6 Punkten im Vergleich zu 4.8 Punkten bei der Projektorganisation.

Erstaunlich ist ferner, dass die im Allgemeinen niedrig eingestuften Fragen (wie, wo, womit, woher, wohin und wen) in der Linienorganisation besonders hoch eingestuft wird. Mitarbeiter dieser Projekte sind also der Meinung, dass die Tools diese Fragen besonders gut unterstützen.

Zeitplanungsmethode

Über alle Projekte gemittelt zeigt sich, dass die beiden Zeitplanungsmethoden mit Anfangstermin deutlich bevorzugt werden, d. h. es wird bevorzugt geplant, indem entweder der Anfangs- und Endtermin fest genannt werden oder indem der Anfangstermin und die benötigte Dauer genannt werden; letztere Variante sogar am häufigsten. Eine Betrachtung der verschiedenen Differenzierungen führt zu keiner nennenswerten Besonderheit mit Ausnahme der Differenzierungen nach der Organisationsform. Hier zeigt sich, dass die Planungsmethode „Anfangstermin + Endtermin" mit 5.3 Punkten in der Linienorganisation der absolute Spitzenreiter ist. Des Weiteren fällt auf, dass die beiden Methoden, in denen eine Vernetzung vorkommt (direkter Nachfolger, Anordnungsbeziehung), am stärksten bei der Matrixorganisation vertreten ist (3.3 und 4.1 Punkte).

Tabelle 56: Bewertung verschiedener Zeitplanungsmethoden bei der Projektplanung

Zeitplanungsmethode	Punkte
Anfangstermin + Endtermin	4.1
Dauer + Anfangstermin	4.3
Dauer + Endtermin	3.3
Dauer + direkter Nachfolger	2.7
Dauer + Anordnungsbeziehung	3.0

Zeitplandarstellung

Bei der Zeitplandarstellung liegt der Netzplan an letzter Stelle. Deutlich führen die Terminliste und der Balkenplan mit Anordnungsbeziehungen (AOB). Hiervon leicht abweichend spielen der Netzplan in der Linienorganisation und der Balkenplan ohne Anordnungsbeziehungen in der Projektorganisation ebenfalls noch eine gleichwertige Rolle.

Interpretation 111

Manager der Projektorganisation stufen den Wert des Netzplanes mit 0.9 von 6 Punkten extrem niedrig ein, während die Mitarbeiter der Matrixorganisation ihn doch immerhin noch mit 3.1 Punkten mäßig brauchbar bewerten. Die Bedeutungslosigkeit des Netzplanes in der Projektorganisation kann auch daran liegen, dass die innere Selbstbewegung des Teams innerhalb der Projektorganisation am größten ist und insofern der Netzplan durch Kommunikation ersetzt wird.

Tabelle 57: Bewertung verschiedener Darstellungsformen für einen Zeitplan

Zeitplandarstellung	*alle*	Linie	Matrix	Projekt
Terminliste	*4.0*	2.0	4.1	4.3
Balkenplan mit AOB	*3.8*	3.7	4.5	3.1
Balkenplan ohne AOB	*3.1*	0.0	3.4	3.3
Netzplan	*2.0*	2.0	3.1	0.9

Gestützt wird diese These durch die Tatsache, dass die Frage nach den Mitgestaltungsmöglichkeiten im Komplex „Innere Selbstbewegung" mit 4.9 Punkten besonders hoch in der Projektorganisation bewertet wurde. Ein anderer sehr interessanter Aspekt ist bei der Linienorganisation festzustellen, die den Balkenplan mit Anordnungsbeziehung deutlich am stärksten favorisiert, andererseits aber bei der Zeitplanungsmethode diejenigen, die eine Anordnungsbeziehung vorsehen, am niedrigsten einstuft. Hier ist ein gewisser Widerspruch in den Antworten zu erkennen.

Projektstrukturplan

Schließlich wurde nach der Vorliebe für den Projektstrukturplan gefragt. Hier stellt sich heraus, dass die klassische Stammbaumform dem umgekippten Baum vorgezogen wird und dass die Verwendung von Strukturnummern gegenüber der Verwendung fortlaufender Nummern favorisiert wird. Dabei fällt auf, dass die fortlaufende Numerierung von Anlagenbau über die Entwicklung zur Verwaltung hin an Zustimmung gewinnt. Projekte mit wenig Fremdleistung halten fortlaufende Nummern für sinnvoller als Projekte mit viel Fremdleistungsanteil. Beide allerdings stufen die fortlaufenden Nummern dennoch niedrig ein. Der klassische Stammbaum wird von Projekten im Bauwesen am wertvollsten betrachtet, gefolgt von der Entwicklung und dem Schlusslicht Verwaltung. Projekte mit einem hohen Fremdleistungsanteil bevorzugen den klassischen Stammbaum ebenfalls deutlich gegenüber Projekten mit niedrigem Fremdleistungsanteil, gleiches gilt für viel Material im Vergleich zu wenig Material.

Tabelle 58: Bewertung der verschiedenen Darstellungsformen eines Projektstrukturplanes

Projektstrukturplan	Punkte
Stammbaum	3.3
umgekippter Baum	2.7
fortlaufende Nummern	1.7
Strukturnummern	3.5

Projekte der Linienorganisation bevorzugen den klassischen Stammbaum mit 5.0 Punkten weitaus am stärksten, während Strukturnummern in der Projektorganisation mit 3.9 Punkten besonders hoch eingestuft werden.

3 Kooperatives Projektmanagement

Eine Interpretation des ersten Teil des Buches zeigt eine deutliche Tendenz des neuen, zeitgemäßen Projektmanagements zu mehr Kooperation, worin die Kommunikation ein unverzichtbarer Bestandteil ist. Dieses Kapitel fasst übergeordnet die Prinzipien des neuen, kooperativen Projektmanagements zusammen.

3.1 Überblick

Aus der in Kapitel 2 ausführlich dargestellten Ist-Analyse lassen sich operative Strategien ableiten, die die Grundlage eines neuen Projektmanagements mit kooperativem Charakter bilden und im nächsten Kapitel behandelt werden. Unter Hinzunahme der eigenen Erfahrungen in Softwareprojekten lässt sich die Bedeutung einer neuen Komponente namens *Projektkultur* ableiten.

Ferner folgt aus der mit Hilfe von Fragebögen durchgeführten Ist-Analyse und den sich daraus ableitenden operativen Strategien ein hoher Bedarf an Kommunikation, der durch die später noch erläuterte Schnittstellenproblematik verständlich wird. Hieraus leitet sich die Notwendigkeit eines *kommunikativen* Projektmanagements ab.

Beides mündet letztendlich in der Betrachtung des Projektmanagements als *sozialen Prozess*, aus dem sich weitere neue Forderungen ableiten, wie der Aspekt der Motivation, der Aspekt eines holistischen Informationssystems und eines neuen Projektmanagementhilfsmittels.

Der Vergleich mit den Arbeitshypothesen für nachhaltige Entwicklung nach Narodoslawsky zeigt, dass kooperatives Projektmanagement als holistischer und komplex ethischer Ansatz verstanden werden darf, der das zukünftige Projektleben entscheidend beeinfussen wird.

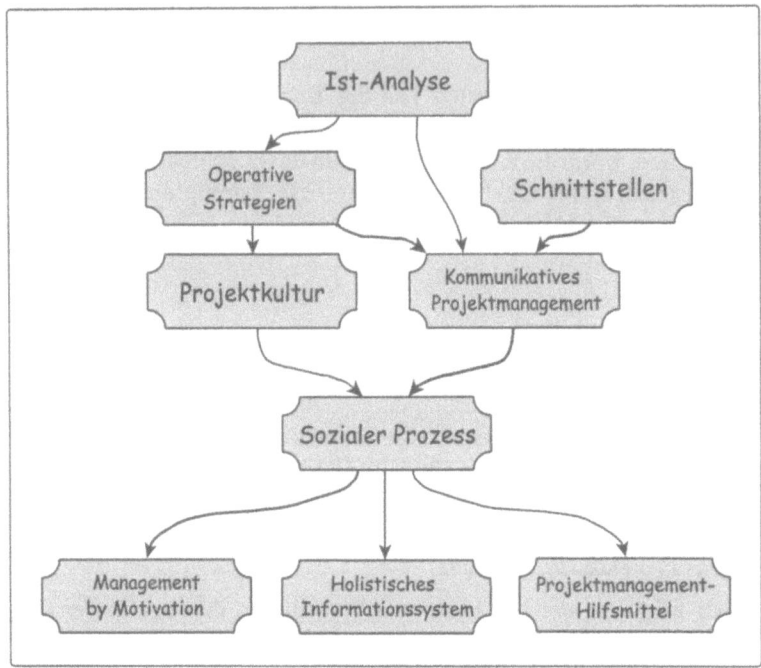

Abbildung 14: Herleitung des neuen kooperativen Projektmanagements

3.2 Projektkultur

Fast alle wichtigen Punkte der Ist-Analyse betreffen die Kommunikation, die wenigsten betreffen eine direkte Verbesserung der Planung, des Berichtswesens oder der Controllingmaßnahmen. Der Trend geht also zu einem ausgewogenen Verhältnis von weichen und harten Projektmanagementmethoden: Ein holistisches Projektmanagement wird benötigt.

Die Untersuchung zeigt auch, dass die innere Selbstbewegung um so größer ist, je kreativer die Arbeit im Projekt. Innovationsprojekte, also Projekte in der technischen Entwicklung und Softwareentwicklung, haben mehr innere Selbstbewegung als Projekte im Anlagenbau und Bauwesen. Projektplanung ist für die innere Selbstbewegung wichtig, weil die Projektteilnehmer so eigenständiger ans Ziel kommen können (von Störungen abgesehen). Daraus folgt ebenfalls eine Minimierung zusätzlicher (externer) Eingriffe.

Projektkultur

Bisher unterteilte der Verfasser das Projektmanagement in *Projektorganisation* und *Projektabwicklung*, bei der die Einschätzung für den relativen Anteil der Projektabwicklung am gesamten Projektmanagement[12] von zunächst 80 Prozent auf 70 Prozent sank und für die Zukunft auf 30 bis 50 Prozent eingeschätzt wird. Nun zeigt sich, dass es zweckmäßig und notwendig ist, die Projektorganisation, die bisher als Sammelbecken sonstiger Rahmenfaktoren für ein Projekt sowohl harte als auch weiche Faktoren enthielt und eine untergeordnete Rolle spielte, aufzuteilen in die – sagen wir – klassische Projektorganisation, die nur die harten Faktor beinhaltet, und eine Kategorie, die die weichen Faktoren berücksichtigt. Diese möchte ich unter dem Begriff *Projektkultur* zusammenfassen.

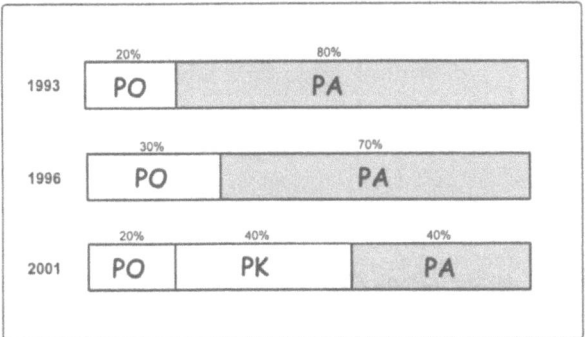

Abbildung 15: Zeitliche Entwicklung des relativen Anteils von Projektorganisation (PO), Projektkultur (PK) und Projektabwicklung (PA)

Als relative Gewichtung zur Kennzeichnung der Bedeutung für das Projekt und den gleichzeitig damit verbundenen Zeitaufwand möchte ich die Projektabwicklung auf 40 Prozent zurückstufen und der „weichen" Projektkultur den gleichen Wert zuordnen. Für die „harte" Projektorganisation verbleibt somit 20 Prozent (die vorher die Faktoren der Projektkultur noch beinhaltete).

---

[12] Projektabwicklung enthält die Projektplanung, -verfolgung und -steuerung, die mittels einer Software unterstützt wird. Die Projektorganisation enthält nach dieser Unterscheidung den restlichen Projektmanagementbereich.

In Anlehnung an das Wolkenbild in Abbildung 8 in Kapitel 2.1 lässt sich ein vereinfachtes Wolkenbild für die neue Situation erstellen, welches die einzelnen Projektmanagementbereiche plastisch visualisiert (Abbildung 16).

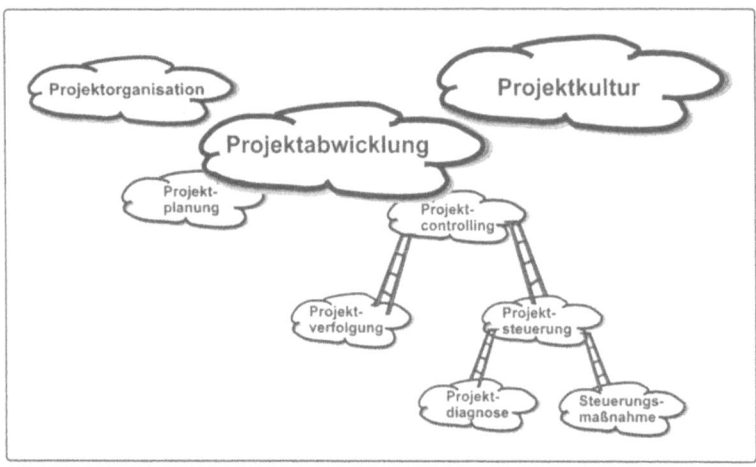

Abbildung 16: Gliederung des neuen kooperativen Projektmanagements

Die in Abschnitt 1.2 aufgeführten Faktoren der Projektorganisation teilen sich nunmehr in die „harte" Projektorganisation und die „weiche" Projektkultur auf:

✘ Projektorganisation
- Fragen zur Organisationsform
- Organigramme
- Stellenbeschreibungen
- Räumlichkeiten
- Projektbüro/Administration
- Dokumentationswesen

✘ Projektkultur
- Führungsstil
- Besprechungen
- Zielvereinbarungen

✘ Projektabwicklung
- Projektplanung
- Projektcontrolling
- Projektverfolgung
- Projektsteuerung

3.3 Kommunikatives Projektmanagement

Die verschiedenen Auswertungen hatten immer den Bedarf an verbesserter Kommunikation zum Inhalt. Das betraf interne noch mehr als externe Kontakte, das berührte aber auch Besprechungen und Fortschrittsberichte.

✘ Anlagenbau/Bauwesen: mehr Fortschrittsberichte
mehr Kommunikation[13]

✘ Entwicklung/Software: weniger Organisationsarbeit[14]
mehr Planung und Controlling
mehr Kommunikation

✘ Verwaltung/Dienstleist.: mehr Planung als Kommunikationsbasis
mehr Fortschrittsberichte
mehr Besprechungen

✘ Linienorganisation: weniger Eingreifen der Vorgesetzten
mehr Besprechungen
mehr Planung

✘ Matrixorganisation: effektivere Besprechungen

✘ Projektorganisation: mehr Besprechungen

Es soll in diesem Abschnitt nun die Frage beantwortet werden: Woher kommt diese Nachfrage, was ist der eigentliche theoretische Hintergrund?

---

[13] siehe auch Abschnitt 1.7.4 (Geistige Werte kommen vor materiellen Werten)

[14] für den Mitarbeiter durch Entlastung mittels eines speziell dafür zuständigen Projektmanagers

Projektmanagement ist in hohem Maße *multi- und interdisziplinär*. Es beinhaltet Netzplanungtechnik, Kostenrechnung, Trendanalysen, Kommunikation, Mitarbeiterführung, Konfliktbewältigung, Ziele, Vertragswesen und vieles mehr. Gefordert sind Kenntnisse in Informatik und Mathematik, in Betriebswirtschaft, Jura und Finanzen, in Psychologie und Soziologie. Fachliche und soziale Kompetenz sind ebenso wichtig wie planerisches Vorgehen und zielorientierter Überblick.

Diese vielen Disziplinen haben zahlreiche Schnittstellen untereinander zur Folge. Die einzelnen Mitarbeiter eines Projektes verkörpern entsprechend ihrer persönlichen Fähigkeiten, Neigungen und Aufgaben die unterschiedlichen Disziplinen.

Schnittstellen sind Trennungen, die durch Kommunikation (verbale, schriftliche, technische) als Brücke überwunden werden. Hardwarestecker, Softwareprotokolle und Kommunikation unter den Menschen sind solche Verbindungen zwischen zwei getrennten Teilsystemen. Das ganze Projektmanagement bewegt sich rund um diese Schnittstellen, die dadurch bedingten Risiken, Zielen, Arbeitspaketen und Meilensteine. Kommunikation dient zur Überwindung von Schnittstellen jeder Art.[15]

Wenn häufig die Erstellung eines *Projektstrukturplanes* als notwendig angesehen wird, aber der Umfang nicht immer günstig gewählt wurde, dann mag das auch daran liegen, dass der richtige Leitfaden fehlte: Der Umfang des Projektstrukturplanes, das heißt die Anzahl der Arbeitspakete, sollte sich an den existierenden Risiken orientieren. Diese sind besonders (wenn nicht ausschließlich) an den Schnittstellen anzutreffen. Arbeiten (fast) ohne Risiken dürfen in großen Arbeitspaketen zusammengefasst werden. Dort wo Schnittstellen mit größeren Risiken sind, müssen hinreichend kleine Arbeitspakete gebildet werden, um die Arbeiten besser überwachen und steuern zu können.

Dieser Projektstrukturplan ist auch eine hervorragende Grundlage für die Kommunikation zwischen den Mitarbeitern, intern wie extern. Im Übrigen muss aber diese zwischenmenschliche und multidisziplinäre

---

[15] Nachdem die ursprünglichen Schnittstellen durch kommunikative Maßnahmen jeder Art überwunden wurden, könnten sie auch als Nahtstellen bezeichnet werden.

Schnittstellenproblematik durch *verstärkte Kommunikation* auf allen Ebenen gemeistert werden, das heißt es müssen mehr Projektbesprechungen (Problembesprechungen ebenso wie Jour-Fixe-Meetings) stattfinden, eine intensive interaktive Kommunikation während der Arbeit, Fortschrittsberichte und anderes. Problembesprechungen sollten in kleineren Runden stattfinden. Zusätzlich sollten wöchentlich Jour-Fixe-Meetings stattfinden, an denen alle Projektmitarbeiter teilnehmen.

Damit diese Kommunikation flüssig möglich ist und vor allem nicht nur horizontal in der Hierarchie abläuft, sondern auch vertikal zwischen Führenden und Geführten, muss der *Führungsstil kooperativ-gruppenorientiert-partizipativ* sein. Kommandohafte Eingriffe der Vorgesetzten müssen der Vergangenheit angehören. Damit ist die so genannte *Projektkultur* eine neue Komponente im kooperativen Projektmanagement.

3.4 Projektmanagement als sozialer Prozess

Das neue Projektmanagement ist also in erster Linie als sozialer Prozess zu verstehen, bei dem die Instrumentarien wie Projektstrukturplan, Kosten- und Terminplanung, Netzpläne und Projektverfolgung notwendige Kommunikationskollektoren darstellen. Der überwiegende Teil an Projektsteuerungsmaßnahmen liegt im menschlichen Bereich. Der benötigte soziale Prozess beginnt aber nicht erst bei der Steuerungsmaßnahme, sondern bereits – im Sinne vorbereitender Präventivmaßnahmen – beim Projektbeginn, ja teilweise sogar schon davor.

Die Arbeit in den Projekten wird von den Menschen, die an dem Projekt mitwirken, erledigt. Entscheidend für die Qualität des Ergebnisses, für die verbrauchten Kosten und die benötigte Zeit ist die Einsatzbereitschaft der Projektmitarbeiter. Diese setzt sich im Wesentlichen aus zwei Komponenten zusammen: der täglichen bzw. wöchentlichen Arbeitszeit und der Effektivität, mit der die einzelne Arbeitsstunde genutzt wird.

Die tägliche/wöchentliche *Arbeitszeit* ist bei Angestellten zwar im Wesentlichen durch den 8-Stunden-Tag bzw. die 35/40-Stunden-Woche geregelt, kann aber auch hier wie bei freiberuflich tätigen Mitarbeitern wesentlich über das Normale hinausgehen. So sind beispielsweise Überstunden und Wochenendarbeit durchaus denkbar, die den gesamten eingesetzten Arbeitseinsatz auf die doppelte Zeit bringen. Umgekehrt kann bei freien Mitarbeitern, die auch noch andere Aktivitäten durchzuführen haben, durch Wahrnehmung anderer Aufgaben und Interessen die Arbeitszeit pro Woche rapide abnehmen und statt des geplantes Ausmaßes nur die Hälfte oder noch weniger betragen.

Gerade bei freiberuflich Tätigen ist häufiger die Situation gegeben, dass diese außerhalb des Büros des Auftraggebers arbeiten und insofern die Kommunikation stark behindert ist. Treten Schwierigkeiten auf, so wendet sich dieser Mitarbeiter nicht unmittelbar und sofort an seinen Auftraggeber, um die Schwierigkeiten zu klären, sondern bemüht sich selbst hierum. Dies kostet zum einen unnötig viel Zeit, die keine Effektivität besitzt, sondern kann zum anderen auch zur Frustration führen, mit der Folge, dass die Anzahl der Wochenstunden, die der Freiberufler einsetzt, zurückgeht und er sich anderen, leichteren und erfreulicheren Aufgaben zuwendet.

Das Thema *Effektivität* wurde schon angeschnitten. Dabei ist die Klärung offener Fragen und die damit verbundene Nulleffektivität nur ein Beispiel. Die Effektivität wird auch durch die Qualifikation des Mitarbeiters beeinflusst, er kann durchaus mit Aufgaben überfordert werden. Dies ist ein wesentlicher Faktor, der dann in der Regel dazu führt, dass er wiederum durch Frustration die Zeit nur noch gelangweilt verpuffen lässt oder zahllose Irrversuche startet. Hier spielt auch die Arbeitsweise und die technische Ausstattung des Arbeitsplatzes eine Rolle.

→ Der übergeordnete Begriff für diesen Arbeitseinsatz lautet *Motivation* und wird im Wesentlichen durch den Führungsstil des Projektleiters beeinflusst. Insofern ist Projektmanagement ein sozialer Prozess. Prozess insofern, als dass viele Faktoren eine Rolle spielen, und zwar in ihrer zeitlichen Abfolge. Stetig wachsendes Misstrauen, wie es in einem Prozess entstehen kann, verhindert effektive Arbeit. Umgekehrt fördert Vertrauen die Motivation.

Deshalb muss dieser soziale Prozess des Projektmanagements bereits beim Projektbeginn seinen Ursprung finden. Ideal wäre sogar, ihn bereits in den ersten Phasen des Projektes, seiner Vorbereitung, seiner Akquisition und des Angebotes beginnen zu lassen, damit die späteren

Projektmanagement als sozialer Prozess

Mitarbeiter nicht in die Problematik gelangen, das Projekt mit seinen Rahmenbedingungen nicht akzeptieren zu können.

Die Kernfrage ist also, wie der Projektleiter den sozialen Prozess beeinflussen kann, um die Projektziele zu erreichen. Dabei ist sicherlich in dem letztgenannten Aspekt bereits ein Teil der Lösung enthalten.

➜ Um die Projektziele zu erreichen, ist es sicherlich notwendig, nicht nur diese Ziele zu berücksichtigen, sondern auch die persönlichen Ziele des Mitarbeiters. Je mehr beide Ziele in Übereinstimmung gebracht werden können, um so größer ist die Gesamteffektivität für das Projekt.

Bei größeren Projekten ist es aus diesem Grunde zweckmäßig, in einem vorangehenden Workshop die Ziele des Projektes und die der Mitarbeiter offen abzuklären. In Unternehmen mit vielen kleinen Projekten, die schon zur täglichen Arbeit gehören, sollte ein solcher Ziele-Abgleich-Workshop mindestens einmal pro Quartal erfolgen. Erfahrungsgemäß zeigt sich bei Projekten im Engineering-Bereich, dass die Mitsprache und Mitverantwortung der Mitarbeiter einen wesentlichen Faktor ausmachen. Hier ist der kooperativ-partizipative Führungsstil deutlich den anderen Führungsstilen vorzuziehen.

Der soziale Prozess ist Gesetzmäßigkeiten unterworfen, zu denen auch die Anpassung und der Selbstlerneffekt gehören. In diesem Zusammenhang ist ein weiterer Aspekt interessant, der bisher noch nicht erwähnt wurde, die *stimulierte Dynamisierung* des Projektes.

Es wurde bereits ausgeführt, dass immer dann, wenn das Projekt ordentlich zu laufen scheint und eine gewisse Ruhe in der Projektabwicklung eingetreten ist, gleichzeitig die Gefahr besteht, dass die Produktivität gefährdet ist. Eine derartige Stagnation kann zur Gleichgültigkeit in der Projektabwicklung führen, die wiederum die Fehlerträchtigkeit erhöht.

Werden nun künstlich der Schwierigkeitsgrad des Projektes erhöht bzw. harmlose Scheinstörungen verursacht, so führt dies zu neuer innovativer Kraft innerhalb des Projektes. Es wäre also eine geeignete Steuerungsmaßnahme, ständig neue Herausforderungen zu generieren, ohne dass diese im ureigentlichen Sinne für das Projekt erforderlich wären.

3.5 Management by Motivation

Management by Motivation ist meines Erachtens das erfolgversprechende und effektivste Führungsprinzip. Der Hintergrund zu dieser Vermutung liegt in der wohl unumstrittenen Tatsache, dass das größte Kapital eines Unternehmers die Mitarbeiterschaft ist. Der Unternehmer und damit auch der Projektleiter muss seine Mitarbeiter dahingehend motivieren, sowohl produktiv als auch kreativ tätig zu sein. Dann ist sein größtes Kapital optimal eingesetzt. Die meisten Managementmethoden sind hingegen nur geeignet, die Produktivität von Mitarbeitern anzuregen. Druck und andere Machtmittel sind kaum zur Steigerung der Produktivität geeignet, geschweige denn zur Förderung der Kreativität.

> Kreativität wird wohl einzig und allein durch Motivation, die aus den einzelnen Mitarbeitern selbst herauskommen muss, gefördert.

Insofern sind Bemühungen des Projektleiters finanzieller und zeitlicher Art, seine Mitarbeiter zu motivieren, von größtem Nutzen für ihn selbst und für das Projekt. So ist beispielsweise der zeitliche und finanzielle Aufwand für eine Weihnachtsfeier, für ein gemeinsames Essen, für einen gemeinsamen Ausflug von größtem Nutzen zur Steigerung der Motivation, sofern diese Maßnahmen nicht dazu dienen, ansonsten demotivierendes Führungsverhalten zu kompensieren.

Motivation wird auch durch ideelle Werte erhöht, z. B. durch Mitgestaltungsrechte und übertragene Verantwortung. Motivation wird ferner durch die Möglichkeit, persönliche Ziele zu erreichen, gestärkt. Hier ist also die Zielvereinbarung und deren regelmäßige Überprüfung von zentraler Bedeutung.

3.6 Holistisches Informationssystem

Wie aus den vorherigen Abschnitten deutlich wird, spielen weiche und harte Faktoren gleichermaßen eine wichtige Rolle im Projektmanagement. Darüber hinaus muss Projektmanagement als multi- und interdisziplinär angesehen werden, wodurch alles zusammen betrachtet letztendlich die Forderung entsteht, dass nur ein holistisches Projektmanagementmodell erfolgversprechend und nachhaltig sein kann.

Die Betrachtung des Gesamtsystems, also des Projektes als geschlossenem System umfasst ...

- Auftraggeber ebenso wie Auftragnehmer
- Projektleitung ebenso wie Projektteam
- Firma ebenso wie Abteilung
- Abteilung ebenso wie Projekt
- harte Faktoren ebenso wie weiche Faktoren
- Planung und Controlling ebenso wie Kommunikation
- Zeitbilanz ebenso wie Stressbilanz
- Raum ebenso wie Sachmittel
- Projektziele ebenso wie Mitarbeiterziele
- Einzelwissen ebenso wie Teamwissen
- Produktivität ebenso wie Kreativität
- Projektorganisation ebenso wie Projektkultur

Jeder einzelne Punkt beeinflusst die anderen. Daraus folgt, daß nur die ganzheitliche (holistische) Betrachtungsweise zu einem nachhaltigen Ansatz führt.

Eines von vielen Beispielen: Wird nicht für ausreichend Raum oder hervorragende Arbeitsmittel gesorgt, so sind die Mitarbeiter schlecht(er) motiviert und die Effektivität geht zurück, vielleicht nicht bewusst, sondern unbewusst und indirekt.

Ein weiterer holistischer Ansatz ist beim Informationssystem gegeben. Ein solches Informationssystem beim Projektmanagement sollte sich das menschliche Gehirn als Vorbild nehmen:

✘ Alle Informationen stehen an allen Stellen zur Verfügung (holographisches Prinzip).
  • Dies wird möglich durch Metaplanwände in den Projekträumen, mit Flip-Charts, durch PC-Netzwerke (E-Mail-Systeme), usw.
✘ Jeder nimmt an der Lösungsfindung teil.
  • Wenn jemand nach zehn Minuten keine Lösung hat, fragt er die Kollegen.
✘ Jeder wird durch die Informationen Dritter zu neuen Ideen angeregt.
✘ Die innere Selbstbewegung wird hierdurch erhöht.

Hinsichtlich der Bedeutung von Kommunikation möge ein Vergleich aus der Computertechnologie herangezogen werden. Im Laufe der letzten Jahrzehnte wurde die Leistungsfähigkeit der Rechner durch immer schnellere Prozessoren gesteigert, aber auch durch intelligentere Verfahren innerhalb der Prozessoren. Das entspricht beim Menschen der Tatsache, dass der einzelne Mensch durch Schule und Studium, durch Lernen und Erfahrung ständig mehr an Wissen und Fähigkeiten ansammelt.

Um bei Großrechnern eine nochmals deutliche Steigerung ihrer Leistungsfähigkeit zu erreichen, bedient man sich (zwangsläufig) eines anderen Verfahrens, nämlich des Prinzips des Multiprozessorsystems. Da werden bis zu tausend und mehr Prozessoren in einem Rechner zusammengeschaltet und durch ein geeignetes Betriebssystem, welches die Aufgaben geschickt auf die einzelnen Prozessoren aufteilt, gesteuert.

In einem Projektteam bedeutet dies, dass der einzelne Mensch mit seinem Gehirn (Prozessor) zwar schon recht leistungsfähig ist, aber erst durch das geschickte Zusammenschalten aller menschlicher Gehirne ein hoch effektives System (Team) entsteht.

➔ Die Zusammenschaltung aller Gehirne eines Projektteams zu einem hoch effektiven System ist eine der Hauptaufgaben des Projektleiters.[16]

---

[16] Leider haben die Projektleiter ihre Aufgabe noch nie so verstanden. Sie würden hier als alles koordinierendes Betriebssystem fungieren und wären somit unentbehrlich, so wie das Betriebssystem eines Rechners.

Holistisches Informationssystem 125

Eine derartige Zusammenschaltung wird nur durch einen laufenden Informationsaustausch erreicht. Dieser aber findet durch das statt, was man als Kommunikation bezeichnet. Die Kommunikation kann optisch, akustisch oder auch über ein anderes Effektor-Sensor-System erfolgen (Geruchssinn, Berührungssinn, Geschmackssinn oder den „Siebten Sinn"). Beim Menschen spielen die optische und akustische Kommunikation die Hauptrolle. Zur optischen Kommunikation gehören der schriftliche Informationsaustausch (Schreiben-Lesen) und die graphische Informationsübermittlung durch Bilder und Filme. Zur akustischen Kommunikation gehören das Miteinander-Reden (Dialog) und der Vortrag (Monolog).

Für ein effektives Gesamtsystem scheint es mir notwendig zu sein, dass die Kommunikation auf allen Ebenen stattfindet, weil jede Art einen anderen Schwerpunkt besitzt.

Schriftstücke sind *langlebige* Informationsspeicher.

Bilder sind integrale Datenübermittler, sie erlauben das schnelle Erfassen sehr vieler, *komplex* zusammenhängender Informationen.

Vorträge sind *schnelle* Übermittler von umfangreichen Informationsmengen.

Miteinander-Reden ist ein interaktives Verfahren, das eine *kontinuierliche* Informationsverteilung und -beschaffung ermöglicht.

3.7 Nachhaltiges Projektmanagement

Nachhaltige Entwicklung ist als holistischer und komplex ethischer Ansatz zu betrachten. Diese Sicht gilt auch für die Durchführung von Projekten. Nachhaltige Entwicklung fordert verschiedene Prinzipien, von denen zwei auch im Projektmanagement ganz entscheidend sind. Dieses sind die Notwendigkeiten des *Einpassens in globale Systeme* und des *Anpassens an lokale Gegebenheiten*.

Einpassen bedeutet, dass jedes System grundsätzlich Teil eines größeren Ganzen ist. Nachhaltige Entwicklung erfordert, dass sich jedes System in die durch das jeweils umfassende System vorgegebenen Flüsse einpasst. Somit ist eine Abstimmung von Raum und Zeit, Materie und Energie bezüglich dieses umfassenden Systems notwendig.

Anpassen bedeutet, dass ein Projekt (System) in direktem Kontakt mit anderen Systemen (Projekten, Firma, Abteilungen, Familie, Kunde, usw.) steht. So muss sich das Projekt und sein Projektmanagement z. B. dem zeitlichen Umfeld der Firma, der Mitarbeiter oder anderen Gegebenheiten anpassen (z. B. 40-Stunden-Woche oder Fertigstellungstermin des Produktes).

Weitere Kriterien für eine nachhaltige Entwicklung sind:

- *Verträglichkeit menschlichen Tuns mit dem natürlichen globalen Stoff- und Energiehaushalt.*
  Das bedeutet im Projektmanagement den schonenden und nutzbringenden Umgang mit den Ressourcen, insbesondere der Zeit und dem Stress als psychischer Energie, wie es bei der empirischen Ist-Analyse zum Ansatz gekommen ist.

- *Verträglichkeit menschlichen Tuns mit lokalen Mitweltbedingungen.*
  Als lokale Mitweltbedingung müssen die Ziele angesehen werden und zwar nicht nur die Kunden-, Unternehmens- und Projektziele, sondern vor allem die persönlichen Ziele der Mitarbeiter.

- *Erhaltung der Vielfalt.*
  Übertragen auf die Problematik des Projektmanagements heißt dies die Förderung der Kreativität, Ideenvielfalt und Mitgestaltungsmöglichkeiten der Mitarbeiter.

Nachhaltiges Projektmanagement

Es wird deutlich, dass die Definitionen und Kriterien einer nachhaltigen Entwicklung einerseits die Grundlage für ein neues Projektmanagement zu liefern in der Lage sind und dass andererseits ein neues, holistisches, an diese nachhaltige Entwicklung angepasstes Projektmanagement für dessen eigene Zwecke erforderlich ist.

Narodoslawsky stellt einige Arbeitshypothesen für nachhaltige Entwicklung auf, die im Folgenden nur schlagwortartig mit den Thesen dieses Buches verglichen werden sollen:

Tabelle 59: Vergleich der Arbeitshypothesen von Narodoslawsky bezüglich nachhaltiger Entwicklung mit den Arbeitsthesen zum kooperativen Projektmanagement nach Wischnewski

Narodoslawsky	Wischnewski
nachhaltige Entwicklung fordert partizipative Entscheidungsprozesse	kooperativ-gruppenorientiert-partizipativer Führungsstil
nachhaltige Entwicklung erfordert integrative Toleranz	jeder hilft jedem nach dem „Zehn-Minuten-Prinzip" (siehe Projekt pfiff, Kap. 5)
nachhaltige Entwicklung erfordert enge Netze sozialer Kontakte	Jour-Fixe-Meeting, Problembesprechungen, Zehn-Minuten-Prinzip, holistisches Informationssystem
nachhaltige ökonomische Entwicklung erfordert Langzeitökonomie	positive Zeit- und Stressbilanz, NachhaltigkeitsIndex > 0
nachhaltige Wirtschaftsweise erfordert kooperative Ansätze	kooperatives Projektmanagement
Erhöhung der Material- und Energieeffizienz je Nutzungseinheit	Zeit- und Stressbilanz müssen möglichst gut sein, Nutzen der Projektmanagement-Maßnahme erhöhen

Die grundsätzliche Übereinstimmung zwischen Thesen der nachhaltigen Entwicklung und des kooperativen Projektmanagements ist besonders deswegen interessant, weil die Ansätze völlig unterschiedlich sind. Insofern sind die in diesem Buch gemachten Aussagen zum neuen Projektmanagement nicht nur zeitgemäß, sondern auch von hohem Nutzen für die Projektarbeit.

3.8 Projektmanagementhilfsmittel

Aus den zuvor genannten Faktoren eines kooperativen Projektmanagements und den Ergebnissen der empirischen Ist-Analyse ergeben sich aber auch Forderungen an das rechnergestützte Hilfsmittel, kurz PM-Tool genannt:

✘ Die Unterstützung des PM-Tools hinsichtlich Planung muss besser und die Bedienung einfacher werden.[17]

✘ Dabei darf der Schwerpunkt des PM-Tools nicht mehr bei der Terminplanung allein liegen.[18]

✘ Stattdessen muss das PM-Tool alle W-Fragen zur Intensivierung der Kommunikation innerhalb des Projektes unterstützen.

---

[17] Der Vergleich zwischen dem Zeit- und Stressbedarf, wie er im Rahmen des Fragenkataloges zur Nachhaltigkeit abgeschätzt würde, und dem Zeit- und Stressbedarf, der bei Verwendung eines PM-Tools erforderlich ist, zeigt folgendes Ergebnis: In allen Managementbereichen ist sowohl beim Zeitbedarf wie auch beim Stressbedarf eine strenge Korrelation zwischen beiden Angaben vorhanden – mit einer einzigen Ausnahme. Diese Ausnahme ist beim Zeitbedarf für die Planung gegeben. Hier wird ein relativ geringer Zeitbedarf im Rahmen der Nachhaltigkeitsbefragung angegeben, aber ein hoher Zeitbedarf bei der Benutzung der PM-Tools. Wenn wir davon ausgehen, dass die Planung auch immer mit dem PM-Tool durchgeführt wurde (die Zahlen sprechen dafür), dann war zwar die tatsächlich (absolut) benötigte Zeit relativ gering, aber der durchführende Projektmanager hätte am liebsten wesentlich weniger Zeit investiert, ihm war also der Zeitaufwand subjektiv zu groß. Seine Erwartungshaltung an ein solches PM-Tool ist also diejenige, dass das PM-Tool die Erstellung einer Planung wesentlich besser unterstützt, d. h. auch die Bedienung einfacher wäre. Hiermit konform geht die hohe Nachhaltigkeit für die Erstellung eines Projektstrukturplanes von +4 bei einem gleichzeitig mit 1.2 nur sehr mäßig bewertetem Nutzkoeffizient der Unterstützung der PM-Tools bei dieser Aufgabe.

[18] Die Bedeutung der Terminplanung ist ohnehin schon nicht mehr dieselbe wie in den 60er Jahren, als die Netzplantechnik ihren Höhepunkt hatte. Das geht aus den Antworten hervor. Aber auch wegen Fußnote 1 ist es notwendig, weniger auf die komplizierte Terminplanung zu achten als vielmehr auf andere Mechanismen. Terminplanung hat nämlich etwas mit Kapazitätsplanung zu tun, und da sind die meisten PM-Tools recht schwerfällig.

✗ Das PM-Tools muss die Erfassung und Analyse von Störungen unterstützen und dieses gleichzeitig auf einfache Weise, um den benötigten Zeitbedarf minimal zu halten.[19]

✗ Es scheint notwendig, dass Benutzerrechte vergeben werden können, damit das PM-Tool von allen Mitarbeitern netzwerkweit genutzt werden kann und der Projektleiter keine Angst um seine Plandaten haben muss.[20]

---

[19] Es wird eine hohe Nachhaltigkeit von +4 für die Störungsanalyse angegeben, aber nur ein nicht nachhaltiger Nutzkoeffizient von 0.9 bei den PM-Tools. Das bedeutet wieder, dass der Projektmanager eine große Notwendigkeit sieht, aber die Unterstützung durch die PM-Tools nicht sehr hilfreich ist.

[20] Projektleiter wollen meist nur Termine und Kapazität planen, statt das Tool als Kommunikationsplattform projektweit zu nutzen und haben Sorge, dass die Mitarbeiter, wenn sie alles ändern können, diese Änderungsmöglichkeit unerwünschterweise nutzen.

4 Operative Strategien

Dieses Kapitel behandelt zahlreiche Konzepte, wie kooperatives Projektmanagement in der Praxis umgesetzt werden kann. Dabei bauen diese Konzepte auf der bestehenden Vorgehensweise in den Projekten auf und wollen bestehende Erfahrungen und Wissen lediglich erweitern.

4.1 Globales Konzept

4.1.1 Allgemeine Hinweise

In diesem Abschnitt wird die Gesamtheit aller Projekte betrachtet, ohne darauf zu schauen, ob es sich um Bauprojekte oder Softwareentwicklung handelt, ohne zwischen Linien- und Projektorganisation zu unterscheiden.

Zunächst einmal fällt auf, dass bei einer durchschnittlichen Projektdauer von 1.7 Jahren eine durchschnittliche Überziehung von 25 Prozent immerhin eine Verspätung um 5 Monate bedeutet. Das ist meines Erachtens erstaunlich viel und Anlass genug, über termingerechtere Projektarbeit nachzudenken.

Ferner ist auch die Überziehung der Kosten in Höhe von 19 Prozent bei einem typischen Kostenvolumen von 500 000 Euro nicht zu vernachlässigen. Das sind immerhin rund 100 000 Euro, typischerweise die Kosten für einen Mitarbeiter pro Jahr. Die meisten Projekte sind nur mit einigen Prozent Gewinn kalkuliert. Da ist eine derart hohe Überziehung überhaupt nicht akzeptabel.

Aber trotz Überziehung der Dauer und Kosten werden global nur 90 Prozent der angestrebten Qualität erreicht. Auch das ist sicherlich ein sehr dürftiges Ergebnis und verbesserungswürdig.

Jedes neunte Projekt wird noch autoritär geführt. Von den übrigen, kooperativ geführten Projekten werden (nur) ein Drittel partizipativ geführt.

In 93 Prozent aller Projekte werden *Projektbesprechungen* durchgeführt. Das erstaunt insofern, als dass Projekte doch nun auf jeden Fall etwas sind, wo Besprechungen immer durchgeführt werden müssten, da Risiken bestehen, die ständig beobachtet werden müssen.

In nur 61 Prozent aller Projekte werden (schriftliche) *Fortschrittsberichte* erstellt. Das ist etwa deckungsgleich mit dem Ergebnis, dass in 72 Prozent aller Fälle die Istwerte für den benötigten Aufwand und in 63 Prozent aller Fälle der erreichte Fortschrittsgrad ermittelt wird. Der durchschnittliche zeitliche Abstand derartiger Berichte beträgt 61 Tage – das sind 10 Prozent der mittleren Projektlaufzeit. Dieser Zyklus sollte zwischen 1 Prozent und 5 Prozent der Projektdauer liegen. Der Nutzen eines solchen Fortschrittsberichtes wird mit 4 Punkten (von maximal 6) noch relativ gut bewertet.[21]

Spannend wird es, wenn diese Werte mit denen der Nachhaltigkeit für die Erfassung der *Istsituation* verglichen werden. Hier stellt sich nämlich heraus, dass die Nachhaltigkeit mit +2 recht gering ist. Dies liegt vor allem an der schlechten Zeitbilanz. Dennoch wird relativ häufig die Istsituation ermittelt. Daraus ergibt sich, dass eine Notwendigkeit hierfür (Nutzen = 4.6 Punkte) gesehen wird und insofern die Istwerterfassung vereinfacht und somit beschleunigt werden muss.

Etwas Ähnliches gilt für die *Trendanalyse*, die nur noch zu 50 Prozent durchgeführt wird und damit konform nur eine Nachhaltigkeit von +2 besitzt. Auch hier wird ein guter Nutzen mit 4.7 gesehen, während leider die Zeitbilanz recht schlecht ist. Auch die Erstellung von Trendanalysen muss vereinfacht und somit beschleunigt werden.

Die hohe Nachhaltigkeit von +4 bei der Erfassung von *Störungen* geht einher mit der tatsächlichen Durchführung in 65 Prozent aller Projekte. Ebenfalls kongruent sind die Ergebnisse bei der Situationsanalyse, die eine Nachhaltigkeit von +3 besitzt und in 54 Prozent aller Fälle durchgeführt wird.

---

[21] Zum Vergleich: Im Zuge der Nachhaltigkeitsbewertung wurde für die Erfassung der Istsituation 4.6 Punkte vergeben. Diese wird sicherlich überwiegend durch einen schriftlichen Fortschrittsbericht erfasst, kann aber auch mündlich in Besprechungen erfolgen.

Globales Konzept

Insgesamt wird der *Wirkungsgrad* von Planung und Controlling auf die Projektarbeit nicht besonders hoch eingeschätzt. Mit einer Bewertung von durchschnittlich 3.7 Punkte liegt diese nur etwas oberhalb von „mittel". Daraus ließe sich der Schluss ziehen, dass die Art und Weise, wie Projekte geplant und kontrolliert sowie gesteuert werden, noch nicht optimal ist, ja sogar noch weit davon entfernt ist.

Ähnlich niedrig wird auch die Zufriedenheit mit der bestehenden *Organisationsform* in den Projekten gesehen (Bewertung = 3.5 Punkte). Allerdings wird mit 4.6 Punkten eine doch noch recht beachtliche Mitgestaltungsmöglichkeit gesehen, die sicherlich aber auch noch besser sein dürfte, da schließlich die Mitarbeiter das Kapital des Projektes sind.

✘ Grundsätzlich sollte der kooperativ-gruppenorientiert-partizipative Führungsstil stärkere Berücksichtigung finden.

✘ Die Erfassung der Istwerte muss durch geeignete Projektmanagementhilfsmittel vereinfacht werden, um die Zeitbilanz zu verbessern.

✘ Die Erfassung der Istwerte sollte in Form von (schriftlichen) Fortschrittsberichten erfolgen, deren Zyklus zwischen 1 und 5 Prozent der Projektlaufzeit liegt.

✘ Die Trendanalyse muss durch geeignete Projektmanagementhilfsmittel automatisiert werden, um die Zeitbilanz zu verbessern.

4.1.2 Kritischer Zyklus

Bei den Antworten zu den Planungszeiträumen und „Feuerwehr"-Aktionen ist die Frage, ob es einen möglichen Zusammenhang zwischen der Häufigkeit der „Feuerwehr"-Aktionen und der Periode für kurzfristige Planungen gibt. Ich möchte vom theoretischen Standpunkt aus den Ansatz gestatten. Danach gibt es prinzipiell drei Möglichkeiten:

✘ Es gibt keinen Zusammenhang zwischen beiden Ereignissen.

✘ Kurzfristplanungen verursachen Unruhe und führen dazu, dass mit zunehmender Planungsaktivität auch die „Feuerwehr"-Aktionen zunehmen, weil sich die Mitarbeiter des Projektes durch die Planungen aus ihrem Trott bringen und sich „nervös" machen lassen.

✘ Kurzfristplanungen verursachen Ruhe und führen dazu, dass bei genügend häufiger Überarbeitung der Planung „Feuerwehr"-Aktionen nicht mehr überraschend eintreten, sondern durch die laufende planerische Einbindung neuer Fakten in das Projektgeschehen zum Projektalltag werden.

Leider muss festgestellt werden, dass das Antwortmaterial weder für die Gesamtheit aller Befragten und erst recht nicht für interessante Differenzierung, z. B. nach der Organsiationsform oder der Branche, eine Entscheidung erlaubt.

Eigentlich müsste man auf Grund der Streuung der Antworten zu der Erkenntnis gelangen, dass es keinen Zusammenhang gibt. Damit wäre das Kapitel eigentlich beendet, nur will ich mich als Erfahrungsträger im Bereich Projektmanagement damit nicht zufrieden geben und wenigstens ansatzweise den Versuch unternehmen, der dritten Lösungsmöglichkeit nachzugehen.

Vorab möchte ich aber den zweiten Fall diskutieren. Nehmen wir ein Projekt, bei dem monatlich geplant wird, und ein zweites Projekt, bei dem quartalsweise geplant wird. Beide Projekte mögen in der Matrixorganisation durchgeführt werden und sowohl aus der Linie heraus wie auch aus dem Projekt heraus, z. B. durch den Kunden, Störungen erleiden, die unbedingt sofort und mit erheblichen Aufwand durchgeführt werden müssen, und nicht eingeplant waren. Woran will ein Mitarbeiter des zweiten Projektes eigentlich erkennen, dass es sich um eine Störung handelt, die eine „Feuerwehr"-Aktion zur Folge hat? Im ersten Monat ist die Situation sicherlich noch mit dem ersten Projekt vergleichbar, danach aber fehlt immer mehr die Vergleichsbasis, da es keine oder kaum noch aktuelle Planungsabläufe gibt. Je länger die Planungsperioden sind, um so abstrakter und allgemeiner müssen die Arbeitspakete formuliert sein. Da werden dann schon einige Aktivitäten als normal empfunden, die eigentlich als „Feuerwehr"-Aktion bezeich-

Globales Konzept

net werden müssten. Plötzlich hat man das Gefühl, je weniger geplant wird, um so weniger „Feuerwehr"-Aktionen sind vorhanden. Zumindest müssen die Aktionen immer größer werden, damit sie als solche identifiziert werden.

Aus meiner Praxis scheint mir der umgekehrte Trend eher richtig zu sein, und es darf der Ansatz gewagt werden, dass „Feuerwehr"-Aktionen um so häufiger sind, je seltener Kurzfristplanungen vorgenommen bzw. aktualisiert werden. Wenn dies so ist, dann wäre als numerisches Ergebnis wenigstens eine einzelne Kenngröße interessant.

Eine solche Kenngröße ist der sogenannte „kritische Zyklus":

$$\text{kritischer Zyklus} = \sqrt{365 \cdot \frac{P}{F}}$$

wobei P die Periode für kurzfristige Planung in Tagen und F die Anzahl der „Feuerwehr"-Aktionen pro Jahr sind. Der kritische Zyklus ergibt sich in der Einheit [Tage].

Möge das Eintreten einer „Feuerwehr"-Aktion gleichzeitig auch der Auslöser für eine neue Kurzfristplanung sein. In diesem Falle wäre die Periode gleich dem kritischen Zyklus. Wird nun aber bei einer solchen Gelegenheit nicht neu geplant, treten die nächsten „Feuerwehr"-Aktionen immer früher ein, das heißt der Zustand des Projektes wird immer chaotischer. Würde nie eine Planung durchgeführt werden, würde einem jeder Tag wie ein Feuerwehreinsatz vorkommen. Im anderen Extremfall, bei dem täglich geplant wird, hätten wir nur alle paar Jahre eine „Feuerwehr"-Aktion. Aber gemäß den vorangegangenen Überlegungen dürften derart häufige Planungen nicht mehr nachhaltig sein.

Ohne einen formalen Beweis antreten zu können, glaube ich, dass die größte Nachhaltigkeit dann gegeben ist, wenn die kurzfristigen Planungen im Rhythmus des kritischen Zyklusses erfolgen. Dabei ist sowohl die Nachhaltigkeit der eigentlichen Planungsaktivität gemeint als auch der Gewinn an Nachhaltigkeit durch Reduzierung der „Feuerwehr"-Aktionen, die eine sehr negative Nachhaltigkeit besitzen.

Werden die Mittelwerte, die sich aus der Gesamtheit aller Projekte der vorliegenden Ergebnisse ergeben, in die obige Gleichung eingesetzt, dann ergibt sich für die Gesamtheit der Projekte:

$$\text{kritischer Zyklus} = \sqrt{365 \cdot \frac{104}{13.5}} \text{ Tage} = 53 \text{ Tage}$$

Hieraus leitet sich die Empfehlung für alle Projekte ab, im Abstand von größenordnungsmäßig 53 Tagen eine Planung für die nächsten zwei bis drei Monate durchzuführen.

> ✘ Im Rhythmus von 1½ bis 2 Monaten sollten Kurzfristplanungen, die die nächsten zwei bis drei Monate abdecken, durchgeführt werden.

4.1.3 Die Ressource Zeit

Einsparungspotenzial

Für die nachfolgenden Betrachtungen sollen die fünf Maßnahmen Projektstrukturplan erstellen, Istwerte erfassen, Trendanalyse berechnen, Störungen erfassen und Situation analysieren zum Begriff *Projektabwicklung* zusammengefasst werden. Des Weiteren werden die strategischen und die kurzfristigen Planungen als *globale Planung* bezeichnet. Beide zusammen ergeben die Summe der administrativen Projektmanagementmaßnahmen, hier als *Planung & Controlling* bezeichnet.

Neben der Gesamtheit aller Projekte wird noch die Differenzierung nach Branchen untersucht.

Im Bauwesen und in der Entwicklung beträgt der Zeitbedarf für Planung und Controlling knapp unter 20 Prozent, während er in Verwaltungsprojekten 34 Prozent beträgt. Warum sich die Mitarbeiter von Projekten im Verwaltungs- und Dienstleistungsbereich hierbei so schwer tun, kann nur vermutet werden. Der Verfasser glaubt, dass in diesen Bereichen die Übung fehlt, konsequent und zielorientiert zu planen.

Globales Konzept

Tabelle 60: Zeitbedarf für Planung und Controlling

	alle	Bauw.	Entw.	Verw.
Projektabwicklung	14.5 %	12.0 %	13.8 %	18.6 %
globale Planung	6.4 %	6.2 %	3.4 %	15.4 %
Planung & Controlling	20.9 %	18.2 %	17.2 %	34.0 %
pro 40-h-Woche	8.4 h	7.3 h	6.9 h	13.6 h

Entwicklungs- und Verwaltungsprojekte liegen mit rund 40 Prozent Zeitersparnis beim Mittelwert über alle Projekte, während Bauprojekte mit 32 Prozent deutlich geringer Einsparungen aufweisen.

Tabelle 61: Zeitersparnis durch Planung und Controlling

	alle	Bauw.	Entw.	Verw.
Projektabwicklung	25.6 %	24.8 %	23.4 %	29.9 %
globale Planung	14.3 %	7.0 %	17.2 %	12.6 %
Planung & Controlling	39.9 %	31.8 %	40.6 %	42.5 %
pro 40-h-Woche	16.0 h	12.7 h	16.2 h	17.0 h

Die Differenz aus benötigter und eingesparter Zeit ist ein Maß für die Nachhaltigkeit im Umgang mit der Ressource Zeit. Die Tabelle 62 gibt die Mehrarbeit an, die aufgewendet werden müsste, wenn die genannten Maßnahmen nicht durchgeführt werden würden. Im Mittel aller Projekte müssten 19 Prozent mehr Stunden aufgewendet werden, das sind bei einer 40-Stunden-Woche satte 7.6 Stunden. Bei Verwaltungsprojekten ist der Mehraufwand am geringsten, bei Entwicklungsprojekten am größten. Je höher der hypothetische Mehraufwand ist, desto größer die Nachhaltigkeit und umso sinnvoller der Maßnahmenkatalog.

Tabelle 62: Mehrarbeit bei fehlender Planung und Controlling

	alle	Bauw.	Entw.	Verw.
Planung & Controlling	19.0 %	13.6 %	23.4 %	8.5 %
pro 40-h-Woche	7.6 h	5.4 h	9.4 h	3.4 h

Gleichzeitig bedeutet dies, dass im Falle nicht durchgeführter Maßnahmen die Projekte um die genannten Prozentsätze teurer werden würden, falls alle Mitarbeiter an der Planung und am Controlling beteiligt sind. Da meistens aber nur der Projektleiter davon betroffen ist und in größeren Projekten eventuell noch ein bis zwei weitere Mitarbeiter, dürfte die zusätzliche Überziehung im Falle des Wegfalls der Maßnahmen bei ca. 5 Prozent liegen.

Ähnliches gilt für die terminliche Situation. Gehen wir davon aus, dass die benötigte Mehrarbeit in Form von Überstunden abgeleistet wird, wirkt sich dieses nicht auf den Endtermin aus, anderenfalls verschiebt sich dieser ebenfalls bis zu etwa 5 Prozent der Projektlaufzeit nach hinten.

Die Überlegungen der Auswirkungen auf Kosten und Termin bei Wegfall der oben genannten Maßnahmen berücksichtigten nicht die mit Sicherheit auch eintretende Verschlechterung der Qualität des Ergebnisses.

→ Alles in allem kann also festgestellt werden, dass auf die genannten Projektmanagementmaßnahmen nicht verzichtet werden sollte.

Verwendung eingesparter Zeit

Über die Verwendung eventuell eingesparter Zeit auf Grund von durchgeführten Projektmanagementmaßnahmen wurde in den vorangegangenen Abschnitten schon berichtet. An dieser Stelle soll eine Sicht über alle Projekte erfolgen. Es gibt ein einziges Merkmal, dass über alle Projekte betrachtet sowohl aus Sicht des Betroffenen (Mitarbeiter) wie auch aus Sicht der Projektes und sogar aus Sicht des realen Einsatzes bemerkenswert ist. Es geht um die internen Kontakte. 48 Prozent der Befragten wünschen sich die Nutzung eingesparter Zeit zur Verbesserung der internen Kontakte, sofern sie dies aus Sicht des Mitarbeiters bewerten. Bei der Bewertung aus Sicht des Projektes sind es immerhin noch 26 Prozent und bei der Bewertung, wie der reale Einsatz der eingesparten Zeit ist, sind es immer noch 22 Prozent. Der Wunsch nach Kommunikation ist also außerordentlich hoch. Betrachten wir die Fragestellung noch einmal aus Mitarbeitersicht, dann kommen zu den 48 Prozent Nennungen für interne Kontakte noch 22 Prozent für externe Kontakte hinzu, sodass wir insgesamt auf 70 Prozent für verbesserte Kommunikation kommen. Hieraus ließe sich auch der Umkehrschluss ziehen: *„Ich habe Land unter, lass mich zufrieden, ich muss mich um meine Arbeit kümmern, ich habe keine Zeit für Besprechungen und Fragen bzw. Kommunikation".*

✗ Über alle Projekte hinweg betrachtet scheint es dringend erforderlich zu sein, die internen Kontakte und die interne Kommunikation zu verbessern.

4.1.4 Zahl der Besprechungsteilnehmer

Durchschnittlich haben 5.1 Mitarbeiter an den Besprechungen teilgenommen. Dem hingegen werden Besprechungen ab sechs Teilnehmern als zu groß betrachtet und damit zu uneffektiv. Hier stellt sich die Frage, wie es denn sein kann, dass die Einsicht besteht, dass Besprechungen ab sechs Teilnehmern absolut zu vermeiden sind, dann aber im Durchschnitt 5.1 Teilnehmer anwesend sind. Das bedeutet doch letztlich, dass eine große Anzahl von Besprechungen überdimensioniert ist, was die Teilnehmerzahl betrifft, und nur einige Besprechungen gerade die richtige Größe besitzen.

✗ Es muss auf die Größe der Besprechungsrunde geachtet werden. Nur in einem Jour-Fixe (also einer regelmäßigen Routinebesprechung, in der keine eigentlichen Probleme behandelt werden, sondern lediglich alle Teilnehmer über den Stand der Arbeiten informiert werden) dürfen mehr als sechs Teilnehmer anwesend sein, da das Prinzip dieser Jour-Fixe-Meetings gerade sein soll, dass alle Teilnehmer eines Projektes sich einmal gegenübersitzen und sich gegenseitig informieren.

✗ Bei sämtlichen anderen Besprechungen aber, die die Erörterung eines Problems als Inhalt haben, sollte die Teilnehmerzahl deutlich unter sechs liegen, also nach Möglichkeit vier Teilnehmer nicht überschreiten.

4.1.5 Innere Selbstbewegung

Die Antworten zu den Fragen bezüglich der inneren Selbstbewegung ergeben leider keine klare Aussage bei der Differenzierung nach Branchen, lediglich scheint sich bei Entwicklungsprojekten die Tendenz zu einer höheren inneren Selbstbewegung abzuzeichnen als bei den Projekten im Bauwesen und in der Verwaltung. Dies zeichnet sich zum einen dadurch aus, dass die Unentbehrlichkeit des Projektleiters nicht so hoch eingestuft wird wie im Bauwesen, und zum anderen dadurch, dass der Zyklus von Fortschrittsberichten wesentlich größer ist als in den beiden anderen Branchen. Ferner wird der Nutzen langfristiger Planungen am niedrigsten eingestuft. Dieses wiederum ist gleichbedeutend damit, dass man lieber kurzfristig reagiert, welches ein Merkmal von innerer Selbstbewegung ist.

Zudem ist der Anteil der Projekte, in denen Projektbesprechungen stattfinden, mit 100 Prozent bei den Entwicklungsprojekten am größten. Die Unterschiede zwischen den Branchen sind zwar nicht besonders groß, aber eine Tendenz zu größerer innerer Selbstbewegung ist bei diesen innovativen Projekten dennoch festzustellen, was gleichzeitig konform geht mit dem höheren Kreativitätsgrad dieser Projekte. Es ließe sich also die Regel ableiten, dass die innere Selbstbewegung um so größer ist, je kreativer die Arbeit in einem Projekt.

Diese Erfahrung habe ich in zahlreichen Seminaren gemacht, in denen Projektmitarbeiter sozialer Projekte teilnahmen. Diese berichteten immer wieder, dass bei ihnen so gut wie gar nicht geplant wird, praktisch auch kein Projektleiter existiert, der regelrecht als task-leader operiert und steuert, sondern vielmehr die Projektmitarbeiter gemeinschaftlich in Diskussionen und Besprechungen das Vorgehen erörtern. Die an meinen Seminaren teilnehmenden Projektmitarbeiter sind allerdings mit dieser Situation unzufrieden gewesen und wollten deshalb Projektmanagementmethoden aus dem Seminar mit in ihre Projekte nehmen, um die Situation zu straffen und zu verbessern.

Die Begeisterung zur Selbstorganisation ist in Projektteams sozialer Projekte besonders groß. Dennoch aber sind sie mit ihrer Situation nicht grundsätzlich zufrieden. Andererseits habe ich aber auch ein Softwareprojekt kennengelernt, wo ebenfalls ein hohes Maß an innerer Selbstbewegung praktiziert wurde, gleichzeitig aber auch ein hohes Maß an Zufriedenheit existierte. Der Grund für diesen Erfolg ist im Wesentlichen darin zu suchen, dass hier eine Synthese aus beiden Philosophien hergestellt wurde. Es existiert ein Projektleiter für zentrale Aufgaben wie Planung und Organisation, es existiert auch ein Führungsteam für weitere organisatorische Aufgaben, aber letztlich ist alles in allem

Branchenorientierte Konzepte 141

betrachtet die Selbstorganisation des gesamten Teams der entscheidende Faktor für den Erfolg. Die Projektleitung nimmt also nur die minimal notwendigen Aufgaben wahr, gibt dem Team ein Gerüst und somit eine Stütze und vertritt es nach außen. Ansonsten werden aber die Aufgaben einer Projektleitung auf mehrere Teammitglieder verteilt, sodass hier bereits eine größere innere Selbstbewegung entsteht und nicht mehr eine einzelne Person von oben herunter entscheidet. Diese schnelle Ausflächung der Verantwortung in das Team hinein und weitere Regeln der Projektabwicklung garantieren diesem Projekt die Einhaltung von Zeit und Kosten und bei gleichzeitig hohem Erfüllungsgrad der Qualität (schätzungsweise 99 Prozent).

> ✗ Die Förderung der inneren Selbstbewegung ist besonders bei Projekten mit hohem Kreativitätsgrad wichtig.
>
> ✗ Auch bei Projekten mit starker innerer Selbstbewegung muss ein Führungsteam das Projekt leiten, welches das organisatorische, fachliche und politische Gerüst bietet.
>
> ✗ Wichtig ist die schnelle Ausflächung der Verantwortung in das gesamte Projektteam hinein.

4.2 Branchenorientierte Konzepte

Im Bereich der technischen Entwicklung und Softwareentwicklung ist die Situation fast entgegengesetzt zur Baubranche. Während es im Anlagenbau und Bauwesen darum geht, nach mehr oder weniger fertigen Plänen etwas zu konstruieren, geht es in der Entwicklung (Innovation) darum, etwas überhaupt noch nicht Angedachtes zu kreieren. In der Baubranche spielt also der Begriff Produktivität die Hauptrolle, während im Innovationsbereich Kreativität die bedeutendere Rolle spielt. Während im Bauwesen ziemlich klar ist, was erstellt werden soll, ist in der Entwicklung das Ergebnis zunächst völlig unbekannt und muss erst definiert, entworfen und durch hohen kreativen Einsatz entwickelt werden.

4.2.1 Konzept für Anlagenbau und Bauwesen

Im Branchen Anlagenbau und Bauwesen dominieren die *Planung* und das Projektcontrolling. Diese Branchen führen in 91 Prozent ihrer Projekte langfristige Planungen durch. Der Nutzen solcher Planungen wird hier am höchsten eingestuft. Es verwundert demzufolge nicht, dass der Nachhaltigkeitsindex bei der Erstellung eines Projektstrukturplanes den Maximalwert von +6 erreicht. Aber Projektmitarbeiter der Branchen Anlagenbau und Bauwesen sind nicht nur in der Planungsphase engagiert, sondern zudem sehr controllingfreudig. Die Nachhaltigkeit bei der Erfassung der *Istwerte* beträgt +3 und ist somit noch im oberen Bereich. Auch bei der Erstellung von *Trendanalysen* wird der Nutzen im Vergleich zum Aufwand und dem damit verbundenen Stress als besonders vorteilhaft betrachtet, hier beträgt der Nachhaltigkeitsindex +4. Mit 91 Prozent wird auch überdurchschnittlich häufig eine *Situationsanalyse* durchgeführt, auf deren Grundlage dann die Projektsteuerungsmaßnahmen ergriffen werden.

Interessant ist nun die Frage, ob sich dieser hohe Planungs- und Controllingsaufwand im Ergebnis niederschlägt. Dabei ist festzustellen, dass die Überziehung der Dauer mit 20 Prozent deutlich geringer ist als in der Entwicklungsbranche und die Überziehung der Kosten mit 16 Prozent ebenfalls unter der Entwicklungsbranche liegt. Allerdings liegt die Baubranche in beiden Bereichen über dem Bereich Verwaltung/Organisation/Dienstleistungen. Die Qualität des Ergebnisses ist in allen Branchen gleich, hier zeigt sich also kein spezifischer Vorteil der Planungsfreudigkeit.

Aber es gibt weitere Merkmale dieser Projekte, die einerseits den hohen Planungs- und Controllingsaufwand notwendig machen und andererseits auch die etwas geringere Überziehung von Dauer und Kosten erklären. Gemeint ist der relativ hohe Anteil an Fremdleistungen und Material. In 82 Prozent aller Projekte ist der Fremdanteil größer als 20 Prozent und der Materialanteil größer als 30 Prozent. Bei höherem Fremd-/ Materialanteil ist mit einer größeren Kosten-, aber einer schlechteren Termintreue und schlechterer Qualität zu rechnen. Insbesondere wegen der Problematik der Termintreue ist sicherlich ein hoher Planungs- und Controllingsaufwand in der Baubranche notwendig. Man kann sogar sagen, dass trotz des bereits hohen Aufwandes für Planung und

Controlling die Termintreue immer noch schlechter ausfällt als bei Projekten mit niedrigem Fremd- und Materialanteil. Insofern wäre hier sogar noch eine Verbesserung und Steigerung des Aufwandes für Planung und Controlling notwendig.

So ist es auch nicht verwunderlich, dass die Befragten den *Projektleiter* als absolut unentbehrlich ansehen. Dass trotz des hohen Planungs- und Controllingsaufwandes die Überziehung der Dauer und Kosten in den Bauprojekten nicht geringer ausfallen, liegt sicherlich auch daran, dass ein Projektleiter im Durchschnitt 11 Projekte gleichzeitig bearbeitet. Wenn ein Projektleiter seine Aufmerksamkeit und Konzentration auf so viele Projekte gleichzeitig legt, kann er das einzelne Projekt nicht mehr mit voller Konzentration bearbeiten. Ohne diesen Aufwand an Planung und Kontrolle würden die Bauprojekte vermutlich außerhalb jeglichen vernünftigen wirtschaftlichen Rahmens liegen.

Dennoch wird der *Wirkungsgrad*, den die durchgeführten Planungs- und Controllingsmaßnahmen im Baubereich haben, mit 4.5 Punkten noch relativ hoch eingeschätzt. Es wurde eine recht hohe Zufriedenheit der bestehenden *Organisationsformen* bescheinigt und ebenso eine große Zufriedenheit bezüglich der *Mitgestaltungsmöglichkeiten* im Projekt. Dabei sei bemerkt, dass mit 50 Prozent der Anteil der reinen Projektorganisation in dieser Branche besonders hoch ist, was vermutlich auch der Grund für diese Zufriedenheit ist.

Besonders spannend wird es bei der Frage, wie durch geeignete Projektmanagementmaßnahmen eventuell *eingesparte Zeit* sinnvoll genutzt werden sollte. Aus *Projektsicht* ist der Anteil für strategische und technische Planung mit 72 Prozent besonders hoch. Das bedeutet also, dass aus Projektsicht und damit im Wesentlichen aus Sicht des Projektleiters noch mehr als bisher schon gegeben geplant werden sollte. Dieses entspricht auch der oben genannten hohen Einstufung hinsichtlich des Nutzens solcher Planungen, und es entspricht auch der Tatsache, dass trotz der bisher bereits hohen Planungsaktivitäten die Überziehungen immer noch recht hoch sind. Eine alternative Maßnahme wäre allerdings, die Zahl der Projekte eines Projektleiters zu vermindern und somit mehr Projektleiter zu beschäftigen. Sobald ein Projektleiter nur halb so viel Projekte zu betreuen hat, ist er auch in der Lage, für das einzelne Projekt mehr Planung und Controlling durchzuführen und damit das Projekt mit geringerer Überziehung von Dauer und Kosten zu beenden. Die eingesparten Mittel durch die geringere Überziehung könnten die Kosten für die zusätzlichen Projektleiter wieder ausgleichen.

Aus *Mitarbeitersicht* allerdings ergeben sich andere Wünsche bezüglich der Verwendung eventuell eingesparter Zeit. Hier dominiert der Wunsch nach einer Intensivierung der internen (18 Prozent) und externen (36 Prozent) Kontakte, also nach Kommunikation. Dies könnte also bedeuten, dass der Mitarbeiter der Meinung ist, dass zu viel geplant, zu viel von oben bestimmt und zu wenig situationsgemäß kommuniziert wird. Interessant ist nun, wie in der Realität solche Einsparungszeiten, sofern sie sich denn ergeben, genutzt werden. Hier ist die Ansicht der Befragten, dass sie zu 18 Prozent für interne und 27 Prozent für externe Kontakte verwendet werden, also in etwa gemäß der Mitarbeitersicht. Hier scheint also das größere Defizit zu bestehen. Der vorhandene Planungs- und Controllingsaufwand reicht offensichtlich im Großen und Ganzen vorerst aus. Bei der Suche nach einer Lösung für diese Problematik fällt auf, dass der Nutzen eines Fortschrittsberichtes besonders niedrig eingestuft wurde und demzufolge auch der Zyklus eines Berichtes mit ca. drei Monaten besonders lang ist. Hier empfiehlt es sich, die Berichtsperiode auf wenigstens einen Monat, besser vierzehn Tage zu reduzieren, um somit sowohl den schriftlichen Informationsaustausch als auch den dadurch entstehenden mündlichen Kommunikationszwang zu intensivieren.

Branchenorientierte Konzepte 145

- ✘ Mehr Projektleiter beschäftigen, um die Zahl der gleichzeitig zu bearbeitenden Projekte zu reduzieren und damit jedem Projektleiter die Möglichkeit zu geben, die notwendige Planung und das Controlling für das einzelne Projekt intensiver durchzuführen.
- ✘ Die Erstellung eines Projektstrukturplanes garantiert den Überblick und sichert die Transparenz für alle Beteiligten.
- ✘ Langfristige Planungen sind von großem Nutzen, vor allem für den Einsatz der Ressourcen.
- ✘ Berichtsperiode kürzen, um somit die Sequenz des schriftlichen und mündlichen Informationsaustausches zu erhöhen und eine situationsbedingte Kommunikation zu ermöglichen.
- ✘ Die im Durchschnitt der Bauprojekte bereits bestehende Analyse der Istwerte ist von höchstem Nutzen und garantiert eine gute Projektsteuerung, sodass zeitliche und finanzielle Überziehungen deutlich geringer sind als bei Entwicklungsprojekten.
- ✘ Eine weitere Verbesserung der Trendanalysen, insbesondere bei Projekten mit hohem Fremd- und Materialanteil, würde die Überziehung der Termine noch weiter reduzieren.

4.2.2 Konzept für Entwicklung und Software

Die Überziehung der Projektdauer und der Kosten ist bei Entwicklungsprojekten besonders hoch. Dies scheint nicht unbedingt verwunderlich, wenn man bedenkt, dass der Anteil an Fremdleistungen hier besonders gering ist (und diese ja eine höhere Kostentreue bedeuten) und der Kreativitätsgrad besonders hoch ist. Da verwundert es beinahe schon nicht mehr, dass der Nutzen langfristiger Planungen am niedrigsten eingestuft wurde. Wegen des hohen Kreativitätsgrades dieser Projekte sehen sich die Projektbeteiligten oft nicht in der Lage, eine *Planung* durchzuführen. Hinsichtlich der zu leistenden Arbeitspakete scheint die Phantasie aber noch einigermaßen auszureichen, um einen Projektstrukturplan zu erstellen. Hier wird die Nachhaltigkeit mit +4 bewertet. Obwohl – wie oben schon erwähnt – der Nutzen langfristiger Planungen mit 4.6 von 6 Punkten relativ niedrig[22] bewertet wurde, wird bezüglich strategischer Planungen mit 5.9 ein sehr hoher zeitlicher Nachhaltigkeitsfaktor bescheinigt. Allerdings ist die Stressbilanz recht negativ. Selbst die kurzfristigen Planungen haben noch einen zeitlichen Nachhaltigkeitsfaktor von 2.5 bei fast gleich schlechter Stressbilanz wie bei den strategischen Planungen.

Selbst die Erfassung der *Istwerte* wird mit einer Nachhaltigkeit von +3 noch recht hoch bewertet. Das hat wohl damit zu tun, dass sich die Projektmitarbeiter ganz ohne Planung wohl doch unsicher fühlen und demzufolge des Öfteren gern einmal wissen möchten, wo sie nun eigentlich tatsächlich stehen. Dieses geht mit der Tatsache konform, dass der Zyklus für einen *Fortschrittsbericht* mit rund einen Monat deutlich kürzer ist als in den anderen Branchen, wo er im Durchschnitt nur quartalsweise durchgeführt wird. In gut organisierten Softwareprojekten werden mündliche Fortschrittsbesprechungen sogar im Rhythmus von vierzehn Tagen, manchmal sogar wöchentlich, durchgeführt. Entwicklungsprojekte sind also besonders kommunikationsrelevant und bedürfen des Gedankenaustausches mehr, als es in anderen Projekten notwendig ist. Eine Nachhaltigkeit bei der Erstellung von *Trendanalysen* wird nicht gesehen, was mit der geringen Einschätzung des Nutzens langfristiger Planungen einhergeht, nämlich dass der Blick in die Zukunft bei solchen Projekten als „unmöglich" betrachtet wird.

Wenn es nun allerdings als äußerst schwierig betrachtet wird, eine Planung durchzuführen, insbesondere eine solche, die auch den wahrscheinlich benötigten Aufwand und die wahrscheinlich dafür benötigte Zeit enthält, durch welche Maßnahme soll dann einer Überziehung der Projektdauer und der Projektkosten entgegengewirkt werden? Nun könnte der Ansatz gewagt werden, dass auf Grund der mangelnden Fantasie zu Beginn eines Projektes die Planung bezüglich Dauer und Kosten anfänglich so schlecht war, dass eine Überziehung als logische Konsequenz eintreten muss. Geht man andererseits aber davon aus, dass in der Regel ein bezahlter Auftrag eines Kunden dahintersteht, ist Überziehung der geschätzten Projektdauer bzw. Kosten nicht akzeptabel. Es stellt sich aber auch die Frage, ob die Überziehung der

---

[22] Relativ niedrig in Bezug auf die Gesamtheit aller Projekte, aber absolut doch noch recht nachhaltig.

Branchenorientierte Konzepte

Termine und Kosten nicht gegebenenfalls etwas mit fehlender Planung zu tun hat, sodass kein Maßstab vorhanden war, an den man sich bei der Projektabwicklung orientieren konnte, sich also mehr oder weniger gehenließ und der persönlichen Kreativität freien Lauf ließ (typische Entwicklermentalität: „*Mal dies ausprobieren und dann das noch mal probieren und vielleicht ist das Dritte ja noch besser*").

In mehreren Projekten der Softwareentwicklung konnten wir allerdings belegen, dass Planung sehr wohl sinnvoll durchgeführt werden kann, und zwar sowohl bezüglich eines Projektstrukturplanes als auch hinsichtlich Terminierung und Aufwandsabschätzung.

Wie schon im Bauwesen ist es auch bei der Entwicklung besonders spannend, die Verwendung eventuell *eingesparter Zeit* auf Grund von durchgeführten Projektmanagementmaßnahmen zu betrachten. Aus Projektsicht sind 48 Prozent der Befragten der Meinung, dass mehr Zeit für Planung aufgewendet werden soll und 39 Prozent der Meinung, dass mehr für Organisation innerhalb des Projektes aufgewendet werden muss. „Nur" 30 Prozent wünschen sich eine Verbesserung der internen Kontakte (wohl gemerkt aus Projektsicht).

Sofern eine Einsparung an Zeit in der Vergangenheit schon stattgefunden hat, ist die reale Verwendung der freigewordenen Zeit wie folgt aufgeschlüsselt worden: 52 Prozent für technische Planung und je 13 Prozent für interne und externe Kontakte. Dieser hohe Anteil für technische Planungen geht konform mit dem Wunsch aus Projektsicht und zeigt, dass das Defizit erkannt wurde und dass man schon der Meinung ist, bisher zu wenig geplant und kontrolliert zu haben; dies aber an einer kapitulierenden Haltung wegen der Schwierigkeit, mit genügend Fantasie in die Zukunft zu schauen, scheitert. Hier ist es unbedingt erforderlich, ein praktikables Verfahren zu nennen. In Kapitel 5 sind Projektbeispiele gegeben, die eine erfolgreiche Projektdurchführung mit sich brachten und als Beispiel dienen.

Der starke Wunsch nach Verbesserung der internen Kontakte bestätigt die Notwendigkeit eines kurzfristigen Regelungssystems. Damit meine ich ein Verfahren, welches sicherstellt, dass bei Hindernissen in der Projektabwicklung sofort durch die anderen Projektmitarbeiter regulierend (helfend) eingegriffen werden kann, sodass der Arbeitsfluss gewährleistet ist. Einige konkrete Vorschläge sind in der abschließenden Zusammenfassung erwähnt. Auch ist es nicht verwunderlich, dass 39 Prozent der Nennungen aus Projektsicht eine Verbesserung der Organisation wünschen. Auffallend ist, dass Entwickler mit kreativer Arbeit zur Findung der Lösungen ihrer Aufgabenbereiche beschäftigt sind und sich nicht um organisatorische Dinge kümmern möchten oder können oder den Kopf dafür frei haben. Zu sehr sind sie in die eigentliche Aufgaben vertieft. Organisatorische Maßnahmen wie Beschaffung von Rechnern, Messgeräten und anderen Komponenten, die zur Arbeit erforderlich sind, die terminliche Verfolgung von Bestellungen und anderen Zulieferungen, das Erstellen von Berichten für höhere Instanzen, das Erledigen von Formalitäten (z. B. Reiseantrag stellen, Reisekostenabrechnung usw.), und viele weitere organisatorische Notwendigkeiten liegen dem Entwickler nicht am Herzen und sollten durch speziell dafür vorgesehene Projektmitarbeiter erledigt werden. Dazu zählt auch die Beschaffung von Räumen für Besprechung, Materialien zur Durchführung von Besprechungen, z. B. Overhead-Projektor, Folien usw., das Anfertigen von Kopien und viele weitere administrative Aufgaben.

Mit 31 Arbeitspaketen ist die Komplexität des Projektstrukturplanes in einem Entwicklungsprojekt sogar noch größer als bei einem Bauprojekt (23 Arbeitspakete). Dies zeigt die Komplexität der Problematik. Meinen Erfahrungen nach ist dieser Detaillierungsgrad für technische Entwicklungen im Hardwarebereich angemessen, während er im Softwarebereich ruhig etwas geringer sein darf. Natürlich ist die Gesamtzahl der Aktivitäten, die in einem Projekt durchgeführt werden müssen, wesentlich größer. Jedoch ist es nicht notwendig, für jede Aktivität eine zeitliche Aussage und eine Aufwandsabschätzung durchzuführen. Die Einbindung in einen Terminnetzplan und die Abschätzung der Kosten genügt für eine geringe Anzahl von Arbeitspaketen. Gleichzeitig ist es aber zweckmäßig und notwendig, die einzelnen Arbeitspakete selbst dann wiederum in eine Vielzahl von Aktivitäten zu gliedern, für die aber im Einzelnen keine Budgetierung oder Zeitabschätzung durchgeführt werden muss. Diese zweischichtige Planung ist auch der Garant dafür, dass einerseits trotz mangelnder Fantasie eine genügend präzise Termin- und Kostenschätzung zu Beginn des Projektes erstellt werden kann, andererseits aber dann auf Basis der zahlreichen Aktivitäten ein effektives Projektcontrolling möglich ist. Auf Basis dieser Aktivitäten

Branchenorientierte Konzepte

können die *Istwerte* erfasst werden (benötigter Aufwand und Fortschrittsgrad) und darauf basierend eine Trendanalyse durchgeführt werden. Diese Trendanalyse wird dann gegen die ursprüngliche Planung von Terminen und Kosten gespiegelt und zeigt sehr frühzeitig, wie gut die Fantasie zu Beginn des Projektes gewesen ist und ermöglicht kurzfristige Reaktionen, unter Umständen auch in Richtung des Kunden. Es ist also zweckmäßig, entweder einen Dienstleistungsvertrag abzuschließen, sodass nach tatsächlichem Aufwand bezahlt wird, und der Kunde auf Grund der Trendanalysen über die vermutliche Entwicklung informiert oder wenigstens die Entwicklung nach verschiedenen Phasen beauftragt wird. Mangelnde Fantasie zu Beginn eines Projektes spiegelt sich nämlich in allen Projektphasen (Konzept, Entwurf, Entwicklung, Test) etwa gleichermaßen wider. Hat man also zu Beginn eine Aufgabe grundsätzlich um einen Faktor zwei unterschätzt, so wird sich dieser Faktor zwei bereits in der Konzeptphase im Wesentlichen deutlich machen, erst recht aber in der Entwurfsphase. So kann er in der Hauptphase der Entwicklung bereits Berücksichtigung finden, und es kommt insofern nicht mehr zur gewaltigen Fehleinschätzung.

Die hohe Kreativität bewirkt, dass der Klärungsfaktor nur 2.0 beträgt. Besser moderierte und somit systematischere und strukturiertere Besprechungen könnten hier Abhilfe schaffen, sodass ein höherer Klärungsfaktor möglich ist. Aus eigener Erfahrung kenne ich die Problematik in dieser Branche und weiß um die oftmals „wilden" Sitzungen.

Zusammenfassend lässt sich feststellen, dass Projekte im Bereich technischer Entwicklungen und Softwareentwicklungen vor allem wegen ihres Kreativitätscharakters deutlich verschieden von den übrigen Projekten geleitet werden müssen. Dies wird manchmal auch als Innovationsmanagement bezeichnet.

- ✘ Ein spezieller Mitarbeiter kümmert sich innerhalb eines Projektes um alle administrativen Belange, ist also für die gesamte Organisation innerhalb des Projektes verantwortlich.

- ✘ Der Projektstrukturplan sollte nicht zu viele Arbeitspakte enthalten, für die eine terminliche und aufwandsmäßige Planung durchzuführen ist. Bei Hardwareprojekten dürfen es etwas mehr als bei Softwareprojekten sein, die Größenordnung von 20 bis 30 Arbeitspaketen scheint angebracht. Jedes Arbeitspaket ist in zahlreiche Aktivitäten zu gliedern, für die keine Abschätzung des Zeitbedarfs und des Aufwandes erforderlich sind.

- ✘ Tägliche Erfassung des tatsächlich benötigten Aufwandes der einzelnen Aktivitäten und daraus generierte Trendanalysen zur Abschätzung der Projektentwicklung und der anfänglichen Planungsqualität. Auf dieser Basis wird eine Situationsanalyse durchgeführt und gegebenenfalls Projektsteuerungsmaßnahmen eingeleitet.

- ✘ Verstärkung der Kommunikation: Mindestens einmal wöchentlich sollte ein Jour-Fixe stattfinden, also ein projektübergreifendes Meeting, in dem alle Projektmitarbeiter kurz ihren Stand darstellen und welches dazu dient, den Arbeitsfluss flüssig zu gestalten sowie Hindernisse aus dem Weg zu räumen.

> ✘ Ferner muss eine laufende Kommunikation zwischen den Projektbeteiligten stattfinden. Dies setzt eine genügend räumliche Nähe voraus, bzw. die Möglichkeit, E-Mails spontan auszutauschen oder miteinander zu telefonieren. Nach dem Prinzip „nicht länger als 10 Minuten über ein Problem grübeln und dann einen Kollegen fragen" sollte die Kommunikation kontinuierlich laufen. – Gerade im Kreativitätsbereich haben andere Kollegen häufig hilfreiche Ideen. Diese Ideen müssen in einem solchen Projekt verteilt werden. Ein Verteilungssystem wäre neben der ständigen Kommunikation und dem E-Mail-Verkehr beispielsweise auch eine Metaplanwand mit Fragen und Tipps. Auch Wände sind geeignet, Informationen visuell kund zu tun und zwischen den Projektmitgliedern Verknüpfungen zu schaffen.
>
> ✘ Die Projektbesprechungen sollten von einem Moderator geführt werden, der für eine bessere Systematik und Strukturierung der Sitzungen verantwortlich ist und gleichzeitig auf Disziplin achtet, damit der Gedankenwildwuchs nicht überhand nimmt.

4.2.3 Konzept für Verwaltung und Dienstleistung

Im Bereich Verwaltung, Organisation und Dienstleistungen fällt zum Thema *Planung* auf, dass im Durchschnitt nur 5 Arbeitspakete im Projekt geplant wurden, während die Anzahl der Arbeitspakete in den anderen Branchen 23 bzw. 31 Arbeitspakete beträgt. Hier scheint also ein gewisser Planungsfrust zu bestehen. In diesem Zusammenhang fällt ferner auf, dass bei der Frage der Verwendung eingesparter Zeit auf Grund von Projektmanagementmaßnahmen aus Projektsicht 25 Prozent der Nennungen auf Planung entfallen, während aber im realen Projektleben eventuell eingesparte Zeit keinerlei Verwendung für technische Planung erfährt. Hier scheint die Einsicht zu herrschen „man müsste *eigentlich*...", aber die Lust dazu scheint nicht vorhanden zu sein. Trotz des offensichtlichen Planungsfrustes besteht aber bei den Projektmitarbeitern dieser Branchen die Meinung, dass die Erstellung eines Projektstrukturplanes mit +4 sehr nachhaltig ist.

Leider ist die Situation bei der Verfolgung des Projektes, also bei der Erfassung der *Istwerte* und der dazu notwendige *Fortschrittsberichte* und *Besprechungen* nicht wesentlich besser. Die Erfassung der Istwerte wird als nicht nachhaltig empfunden (Nachhaltigkeitsindex = 0). Damit konform geht auch die Tatsache, dass die Anzahl der Besprechungen besonders niedrig ausfällt. Ebenfalls konform geht hiermit die Tatsache, dass die Durchführung von Fortschrittsberichten in dieser Branche am niedrigsten von allen ist. Dies ist um so verwunderlicher, als dass andererseits ein hoher Nutzen des Fortschrittsberichtes bescheinigt wird. Insgesamt lässt sich auch hier sagen, die Einsicht zur Notwendigkeit scheint gegeben, aber an der Durchführung hapert es.

Besonders merkwürdig ist es nun, dass die Nachhaltigkeit von *Trendanalysen* mit einem Nachhaltigkeitsindex = 5 besonders hoch eingestuft wird. Fraglich ist allerdings, wie Trendanalysen ohne bestehende Ist-Informationen durchgeführt werden können. Vermutlich ist in dieser Branchengruppe die Aussage bezüglich der Trendanalysen eher als eine akademische Aussage denn als Erfahrungsaussage zu betrachten. Denn schon die logischerweise anschließend durchzuführenden *Situationsanalyse* zeigt wieder einen geringen Trend zur Realisierung. Mit 25 Prozent bildet diese Branche hierbei das Schlusslicht.

Alles in allem kann also festgestellt werden, dass im Bereich Verwaltung/Dienstleistungen eine starke Abneigung gegen Planung und Controlling besteht. Vielleicht ist es auch keine Abneigung, sondern Unfähigkeit. Vielleicht liegt es aber nicht an den Projektmitarbeitern, sondern eher an den Umgebungsbedingungen und der Organisationsform.

Die Befragten bewerteten die Zufriedenheit mit der *Organisationsform* relativ schlecht, wobei die Projekte überwiegend und gleichermaßen in der Matrix- und Projektorganisation abgewickelt wurden. Eine mögliche Ursache könnte darin liegen, dass die Beteiligten die Durchführung von Projekten außerhalb der Linienorganisation zwar als notwendig betrachten und deshalb die Matrix- oder Projektorganisationsform wählten, aber nicht in der Lage waren, diese auch entsprechend zu leben, sodass die typischen Merkmale einer Linienorganisation immer wieder durchschimmerten und zu entsprechendem Frust führten. Möglicherweise mussten die Projektmitarbeiter zu viele Aufgaben ihrer Linienabteilung nebenher erledigen und waren nicht ausreichend für das

Projekt freigestellt, sodass es immer wieder zu einer Mischung aus Linien- und Projektaktivität kam. Auch dieses würde eine Reduzierung der Planung und des Controllings verständlich machen.

Diese These, dass die Linienorganisation immer wieder dazwischenfunkt, scheint sich zudem durch die Bewertung der *Mitgestaltungsmöglichkeit* zu bestätigen. Mit dieser sind die Projektmitarbeiter nämlich ebenfalls im überwiegendem Maße unzufrieden. Ketzerisch gefragt: „*Schlägt hier der Amtsschimmel zu?*".

Für letztere Aussagen spricht auch die Einschätzung der Befragten, dass aus Projektsicht der Hauptteil *eingesparter Zeit* auf Grund von Projektmanagementmaßnahmen für Verbesserungen der Organisationsverhältnisse verwendet werden sollte (42 Prozent der Nennungen entfallen auf Organisation). Dies korreliert mit der geringen Bewertung von nur 2.6 bei der Anpassung des Projektmanagements. Das heißt, in derartigen Projekten wird offenbar nicht auf Veränderungen reagiert, und so staut sich der Wunsch nach Organisationsverbesserungen auf, die oftmals mit der Projektabwicklung zusammenhängen.

Schließlich ist besonders auffallend, dass Defizite in der Kommunikation zu bestehen scheinen. Denn aus Projektsicht entfallen 33 Prozent der Nennungen auf die Verbesserung der internen Kontakte. Real werden sogar 42 Prozent für die Verbesserung interner Kontakte und 8 Prozent für die Verbesserung externer Kontakte verwendet. Kommunikationsdefizite scheinen also auch hier zu bestehen.

> Es gibt keine Probleme.
> Nur das eine, dass man *nicht* drüber spricht.

> ✗ Erstellung eines Projektstrukturplanes, der als Kommunikationsmittel zwischen Projekt und den Abteilungen der Linienorganisation verwendet wird. Dadurch erfolgt eine bessere Abstimmung der jeweiligen Arbeiten, und sowohl Projektleiter als auch Abteilungsleiter der Linie haben Einblick in die zu erledigenden Aufgaben. Dies verbessert die Koordination und damit auch die Projektabwicklung.
>
> ✗ Wöchentliche Berichterstattungen über den erreichten Fortschritt und die für das Projekt eingesetzte Zeit. Dies ermöglicht dem Projektleiter, bei starker Abweichung gegenüber der ursprünglichen Planung in Kontakt mit den Linienverantwortlichen zu treten und die Koordination der Arbeiten zu verbessern.
>
> ✗ Wöchentliche Projektsitzungen (Jour-Fixe, Check-Point), um gegenseitig über den Stand der Arbeiten zu informieren, die Projektarbeit flüssig zu gestalten und gleichzeitig die notwendige und gewünschte Kommunikation innerhalb des Unternehmens oder der Behörde zu fördern.

4.3 Organisationsorientierte Konzepte

4.3.1 Konzept für Linienorganisationen

Projekte, die überwiegend in der Linienorganisation abgewickelt werden, bescheinigen der Erstellung eines *Projektstrukturplanes* mit +5 eine hohe Nachhaltigkeit. Ebenso wird mit +4 eine fast so hohe Nachhaltigkeit für die Erfassung der *Istwerte* angegeben. Für die nachfolgende *Situationsanalyse* ist die Nachhaltigkeit zwar geringer, aber mit einem Index von +3 immer noch recht hoch. Alles in allem scheinen die Planung und das Controlling für Projekte in Linienorganisationen recht nachhaltig zu sein. Es empfiehlt sich, darauf nicht zu verzichten.

Auffallend ist allerdings, dass die Zahl der Besprechungen besonders niedrig ist. Ebenso ist die Anzahl der Arbeitspakete, die pro Projekt geplant werden, mit 2.5 besonders niedrig. Man hat den Eindruck, es läuft alles nach dem Prinzip, der Chef sagt mir, was ich zu tun habe, und

Organisationsorientierte Konzepte

der Chef hat alles im Überblick, wozu also ein Projektstrukturplan. Wenn allerdings einer erstellt wird, wie gesagt mit durchschnittlich 2.5 Arbeitspaketen, dann ist dieser besonders nachhaltig. Nun verwundert das nicht, da der Aufwand für die Erstellung eines derart kleinen Projektstrukturplanes sehr gering ist. Ob allerdings wirklich ein Nutzen daraus gezogen wird, muss kritisch hinterfragt werden.

Obwohl die Anzahl der Besprechungen sehr niedrig ist, ist der *Klärungsfaktor* mit 5.2 in der Linienorganisation am höchsten. Das bedeutet, dass von allen offenen Fragen zu Beginn einer Besprechung zum Schluss nur noch 1.2 Fragen übrig sind, die nicht beantwortet wurden. Auch dieses sieht so aus, als wenn die Klärung der Fragen von oben herab herbeigeführt wurde. Ferner werden nur 0.6 Grundsätze pro Monat gekippt, das heißt die Struktur in der Linie scheint recht starr und doktrinhaft.

> ✘ Der Projektstrukturplan für Projekte in der Linienorganisation sollte wenigstens 8 bis 10 Arbeitspakete Umfang besitzen.
>
> ✘ Fortschrittsberichte zur Erfassung der Istwerte und eine anschließende Situationsanalyse sind hier besonders nachhaltig.
>
> ✘ Ferner sollten regelmäßig Besprechungen stattfinden, beispielsweise alle 14 Tage.
>
> ✘ Vorgesetzte der Linienabteilungen sollten sich bei der Lösungsfindung zurückhalten und Mitarbeiter mehr einbeziehen (dies ist eine Spekulation, die möglicherweise nicht zutrifft).

4.3.2 Konzept für Matrixorganisationen

Auch bei Projekten, die in der Matrixorganisation abgewickelt werden, sind die Erstellung eines Projektstrukturplanes, die Erfassung der Istwerte und die Durchführung einer Situationsanalyse mit einem Index von +4 relativ nachhaltig bewertet worden. Somit gilt hier das Gleiche wie für Projekte in der Linienorganisation. Völlig anders ist es bei der Größe des Projektstrukturplanes. Dieser ist bei Projekten der Matrixorganisation am größten und enthält durchschnittlich 34 Arbeitspakete.

Dieses repräsentiert meines Erachtens eine gewisse Dynamik in den Projekten. Schon die Tatsache, dass die Organisationsform als Matrix ausgeprägt ist, somit eine starke Verzahnung zwischen Linie und Projekt stattfindet, führt auch zu einer hohen Dynamik in der Abstimmung der Aufgaben, die ein Mitarbeiter einerseits in der Linie und andererseits im Projekt zu tätigen hat, und auch zu einer Dynamik hinsichtlich des Abstimmungsbedarfs. Da verwundert es nicht, dass der *Klärungsfaktor* bei Besprechungen mit 1.9 am niedrigsten ist und die Zahl der offenen Fragen am Ende einer Besprechung mit 4.9 am höchsten ausfällt. Es fällt den Mitarbeitern sehr schwer, zwischen den Interessen der Linienabteilung und des Projektes zu vermitteln und die notwendigen Abstimmungen vorzunehmen. Eine große Dynamik wird auch durch die Tatsache gestützt, dass bei Projekten in der Matrixorganisation die Zahl der gekippten Grundsätze mit 1.6 pro Monat am höchsten ist.

- ✘ Es scheint die Dynamik innerhalb dieser Projekte besonders groß zu sein, sodass es empfehlenswert ist, die Planung und Verfolgung der Projekte sehr sorgfältig durchzuführen.
- ✘ Auch sollten die Besprechungen so organisiert ablaufen, dass beispielsweise die Tagesordnungspunkte vorher festgelegt und allen bekanntgegeben werden. So kann sich jeder auf die offenen Punkte vorbereiten. Ein Moderator leitet die Durchführung der Besprechung und achtet darauf, dass nicht zu viel durcheinanderläuft und die eigentlichen Themen hinreichend gewürdigt werden.
- ✘ Es sollte mehr Aufmerksamkeit auf die Abstimmung mit der Linie gelegt werden, und beide Seiten sollten dabei viel guten Willen zeigen.

4.3.3 Konzept für Projektorganisationen

Im Unterschied zu Projekten der Linien- und Matrixorganisation wird die Nachhaltigkeit bei Projekten in der Projektorganisation weniger ausgeprägt bewertet. Während die Erstellung eines Projektstrukturplanes noch mit dem Nachhaltigkeitsindex +4 bewertet wurde, ist die

Nachhaltigkeit bei der Erfassung der Istwerte mit einem Index von +2 nur noch sehr gering und die Nachhaltigkeit bei der Durchführung der Situationsanalyse mit einem Index von +1 fast nicht mehr gegeben. Warum diese Tendenz hier so gegeben ist, ist selbst unter Berücksichtigung und Einbeziehung meiner allgemeinen Projekterfahrungen nicht so einfach nachvollziehbar. Mit der geringen Nachhaltigkeit bei der Erfassung der Istwerte geht die Ansicht einher, dass der Nutzen von Fortschrittsberichten recht gering ist und auch der Zyklus, in dem Fortschrittsberichte durchgeführt werden, am größten ist. Obwohl die Nachhaltigkeit bei der Erstellung eines Projektstrukturplanes sehr hoch eingeschätzt wird, wird der Nutzen für eine langfristige Planung jedoch eher gering eingeschätzt. Auch die Nachhaltigkeit bei kurzfristigen Planungen bezüglich Zeit- und Stressbilanz ist negativ, das heißt es wird wesentlich mehr Zeit und Stress für Planung verbraucht als in den Folgephasen eingespart wird.

Trotz der Tatsache, dass im gesamten Projektcontrolling keine große Nachhaltigkeit gesehen wird, ist die erreichte Qualität von Projekten in der Projektorganisation am höchsten. Dies liegt aber vermutlich eher daran, dass der *Führungsstil* überwiegend kooperativ ist, wie auch in der Matrix- und Linienorganisation, aber nur in der Projektorganisation der *partizipative Führungsstil* eine gleichbedeutende Rolle einnimmt wie der *personative Führungsstil*. Partizipativ heißt, dass das Umfeld stärker einbezogen wird und die Hierarchie flacher ist, dass also auch die Gruppendynamik und die innere Selbstbewegung stärker hervortritt. Demzufolge verwundert es nicht, dass die Befragten mit der Organisationsform und der Möglichkeit der Mitgestaltung zufrieden sind. Sie sehen den Projektleiter als unentbehrlich an. Wenn der Projektleiter einen so wirkungsvollen Führungsstil prägt und Möglichkeiten zur Mitgestaltung gegeben sind, ist es nicht verwunderlich, dass Projektmitarbeiter für eine solche Organisationsform den Projektleiter als unentbehrlich ansehen, da er ihnen ja auf jeden Fall einen Rahmen gibt und sie nach außen vertritt. Außerdem dürfte er im Sinne der partizipativen Führung auch als Moderator auftreten (jedenfalls mehr als Moderator denn als Befehlshaber).

Die *Besprechungen* verlaufen hinsichtlich der Klärung offener Fragen etwas besser als in der Matrixorganisation. Der Klärungsfaktor beträgt in der Projektorganisation 3.4 und die Zahl der zum Schluss noch offenen Fragen beträgt 3.8. Vermutlich macht sich hier die stärkere Konzentration auf das Projekt bemerkbar, die in der Matrixorganisation nicht so gegeben ist, weil hier Linienaufgaben hinzukommen oder besser gesagt hineinstören. Die Zahl der Teilnehmer an den Besprechungen beträgt durchschnittlich 5.8 und ist damit am höchsten.

✘ Es scheint empfehlenswert, den Zyklus der Fortschrittsberichte auf vierzehn Tage bis wenigstens einmal monatlich zu verkleinern, die Erfassung der Istwerte ernster zu nehmen und sich zu bemühen, die Nachhaltigkeit hierbei zu steigern und zur Projektsteuerung eine genaue Situationsanalyse unter Verwendung der Trendanalysen durchzuführen, sofern diese von der entsprechend genutzten Software zur Verfügung gestellt werden.

✘ Es besteht zudem die Gefahr, dass bei Projekten in der Projektorganisation zu intuitiv Projektsteuerungsmaßnahmen vorgenommen werden. Da allerdings die innere Selbstbewegung bei diesen Projekten recht groß zu sein scheint und im Ergebnis eine hohe Qualität erreicht wird, ist diesem Punkt möglicherweise nicht allzu viel Bedeutung beizumessen.

✘ Es sollten nicht mehr als vier Teilnehmer an den Besprechungen teilnehmen.

✘ Der Projektleiter gibt den notwendigen organisatorischen und inhaltlichen Rahmen und sollte unbedingt durch einen kooperativen-gruppenorientierten-partizipativen Führungsstil die Mitgestaltung durch die Mitarbeiter fördern.

4.4 Sonstige Konzepte

4.4.1 Konzept bei hohem Fremd- und Materialanteil

Bei Projekten mit hohem Fremd- oder Materialanteil wird die Nachhaltigkeit bei der Durchführung einer Trendanalyse bzw. Situationsanalyse mit einem Index von +4 sehr hoch bewertet.

Ferner wird die Nachhaltigkeit für die Erstellung eines Projektstrukturplanes mit +6 besonders hoch eingestuft. Offensichtlich ist der Projektstrukturplan eine hervorragende Kommunikations- und Steuerungsplattform nach außen, vor allem zu Fremdfirmen und Lieferanten.

Projekte mit hohem Material- und Fremdanteil besitzen eine bessere Kostentreue, gleichzeitig aber eine schlechtere Termintreue und schlechtere Qualität. Die bessere Kostentreue mag daran liegen, dass bei Material mit Sicherheit ein Festpreis vorliegt (z. B. Listenpreis) und bei Fremdleistungen wahrscheinlich ein Festpreis oder Höchstpreis. In einigen Fällen wird allerdings auch bei Fremdleistung ein Dienstleistungsvertrag abgeschlossen, der nach Aufwand abgerechnet wird. Es scheint aber, dass die Einhaltung von Terminen dafür um so schwieriger ist, weil die direkte Einflussnahme nicht so stark gegeben ist. Das gleiche gilt für die Qualität.

Obwohl gerade dieses Anlass wäre, besonders viele Besprechungen mit den Lieferanten und Fremdleistern durchzuführen, ist die Anzahl der Besprechungen bei Projekten mit hohem Fremd- und Materialanteil besonders niedrig. Dies mag daran liegen, dass die Meinung vorherrscht: *„Diesen Job habe ich nun vergeben, der macht sich von allein, da brauche ich mich nicht drum zu kümmern".* Das Gegenteil scheint eher der Fall zu sein.

Außerdem ist zu beobachten, dass die Anzahl der Projekte, die ein Projektleiter gleichzeitig bearbeitet, um so größer wird, je mehr Fremd- und Materialanteil enthalten ist. Dies bestätigt die zuvor vermutete Einstellung des Projektleiters: *„Es läuft ja alles von allein, also kann ich noch etwas anderes hinzunehmen."*

- ✗ Die Erstellung eines Projektstrukturplanes als Kommunikations- und Steuerungsplattform ist unbedingt erforderlich.
- ✗ Ferner sollten regelmäßig Besprechungen stattfinden, mindestens alle zwei Wochen.
- ✗ Die Zahl der Projekte, die ein Projektleiter zu betreuen hat, darf trotz hohem Fremdanteil nicht zu groß werden, damit das Projektcontrolling nicht darunter leidet.

4.4.2 Konzept für kleine Projekte

Die Erstellung eines Projektstrukturplanes wird bei allen Projekten, bei kleinen wie bei großen mit einem Index von +4 relativ nachhaltig bewertet. Unterschiedlich fällt allerdings die Bewertung der übrigen Punkte aus. So ist die Erfassung der Istwerte bei kleinen Projekten kaum nachhaltig (Index = 1), die Erstellung einer Trendanalyse gar nicht mehr nachhaltig (Index = 0). Die Erfassung von Störungen ist ebenso wenig nachhaltig (Index = 1) und die Durchführung von Situationsanalysen dafür aber wieder relativ nachhaltig (Index = 3).

Dass die Erstellung eines Projektstrukturplanes eine hohe Nachhaltigkeit besitzt, ist gut, denn er gibt dem Projekt den notwendigen Rahmen und sollte unbedingt erstellt werden. Hiermit konform geht die Einschätzung der Befragten bezüglich der Nachhaltigkeit strategischer Planungen. Diese werden zwar nur gut alle zwei Jahre durchgeführt, haben aber mit 5.2 einen sehr hohen zeitlichen Nachhaltigkeitsfaktor. Eine nachhaltige Situationsanalyse ist schön und gut, macht aber wohl kaum Sinn, wenn wegen geringer Nachhaltigkeit die Erfassung der Istwerte und eine Trendanalyse nicht durchgeführt werden, oder wenn sie durchgeführt wurden, um eine Situationsanalyse zu ermöglichen, zumindest viel Aufwand und Stress im Vergleich zum angeblichen Nutzen bedeuten. Allerdings ist die anschließend mögliche Situationsanalyse als ein Nutzen zu sehen, und diese scheint recht nachhaltig zu funktionieren. Dennoch ist derzeit unklar, wie diese Bewertung zu interpretieren ist.

Sonstige Konzepte

Die Verwendung eingesparter Zeit auf Grund von Projektsteuerungsmaßnahmen ist bei kleinen und großen Projekten unterschiedlich. Bei kleinen Projekten überwiegt im realen Alltag die Verwendung für strategische Planung und interne Kontakte, während bei großen Projekten die technische Planung und externen Kontakte überwiegen.

> ✘ Die Erstellung eines Projektstrukturplanes ist auch in kleinen Projekten unerlässlich und besitzt eine hohe Nachhaltigkeit. Hier genügen allerdings 8 bis 10 Arbeitspakete, um den notwendigen Rahmen zu gewährleisten.

4.4.3 Konzept für große Projekte

Bei großen Projekten ist nicht nur die Erstellung des Projektstrukturplanes mit einem Index von +4 nachhaltig, sondern auch die Erfassung der Istwerte (Index = +3), und selbst die Trendanalyse wird mit +2 noch relativ nachhaltig gesehen.

Die Erfassung von Störungen zeigt einerseits einen etwas geringeren Nutzen, und andererseits wird eine schlechte Zeit- und Stressbilanz gesehen.

Bei der Situationsanalyse wird ebenfalls ein geringerer Nutzen bei großen Projekten gesehen. Während die Zeitbilanz allerdings hier ausgewogen erscheint, ist die Stressbilanz definitiv negativ, sodass im Endeffekt die Durchführung einer Situationsanalyse bei großen Projekten weniger nachhaltig ist (Index = 1). Obwohl bei großen Projekten alle Voraussetzungen erfüllt sind, eine Situationsanalyse erfolgreich durchzuführen, wird sie dennoch als zu stressig und zu wenig Nutzen bringend empfunden. Dies mag an der Komplexität solcher großen Projekte liegen, da natürlich eine Situationsanalyse quadratisch mit der Größe eines Projektes an Aufwand zunimmt.

Dass gerade bei großen Projekten eingesparte Zeit real hauptsächlich für technische Planung und externe Kontakte benutzt wird, mag daran liegen, dass derart komplexe Projekte einen besonders hohen Bedarf für technische Planungen haben. Dieser kann nicht immer abgedeckt werden, sodass freie Zeitkapazitäten dafür verwendet werden, während bei kleinen Projekten hinreichende Übersicht von Anfang an gegeben ist. Vermutlich wird bei großen Projekten bereits relativ viel Zeit für interne Kontakte aufgewendet, da schließlich intern viel zu koordinieren ist, während externe Kontakte, die wegen der hier gegebenen räumlichen Distanz ebenso notwendig wären, am ehesten vernachlässigt werden und deshalb hier ein Nachholbedarf besteht.

5 Softwareprojekte

Die nachfolgend besprochenen Projekte sind allesamt Softwareprojekte, an denen ich aktiv als Teammitglied, Teilverantwortlicher oder Teilprojektleiter mitgewirkt hat. Sie sind daher überwiegend in der Ich-Form geschrieben und stellen die persönlichen Erfahrungen dar. Jedes Projekt soll einerseits mit den zuvorgenannten Konzepten verglichen und andererseits an den Moser'schen Thesen reflektiert werden.

5.1 Projekt BBK

5.1.1 Aufgabe

Der Fachbereich einer Sozialversicherung benötigte eine Client/Server-Anwendung, die die Betriebsorganisation in Zusammenarbeit mit dem Fachbereich spezifiziert hatte, und die nun von der EDV-Abteilung entwickelt werden sollte. Direkte Kontakte zwischen EDV und Fachbereich durften nicht stattfinden. Bei Rückfragen musste alles über die Betriebsorganisation gehen, die sowohl von der EDV nicht viel verstand, insbesondere der Problematik der ereignisorientierten Windows-Programmierung, und die wirklichen Bedürfnisse des Fachbereiches nur mäßig erfasste.

Die Spezifikation war umfangreich und relativ gut, auch wenn sich bei der Umsetzung dann doch noch zahlreiche Fehler im Konzept und in Details herausstellten, zum Teil auch Widersprüchlichkeiten. Das ist zwar nicht weiter schlimm, aber insofern erwähnenswert, als dass es sich hierbei immerhin um das erste und später das zweite Change-Management handelte, d. h. um überarbeitete Versionen.

Die Aufgabe wurde zuerst von einem anderen Entwickler sechs Monate lang versucht. Das Ergebnis war unbefriedigend und wurde nicht verwendet. Daraufhin wurde ich in das Projekt berufen und habe dann neu begonnen. Meine Planung ergab 6.6 Monate inklusiv Fachbereichstest und Parallelbetrieb (Phase A). Dies bewegte sich in dem zeitlichen Rahmen, den sich der Kunde vorstellte. Ich hatte insgesamt noch neun Monate zur Verfügung, sodass eine Phase B mit Erweiterungen optional angedacht wurde.

Nach vier Monaten lag das fast fehlerfreie Hauptergebnis auf dem Tisch, es folgten noch Fachbereichstests und Sonderwünsche.

Tabelle 63: Planung und Kontrolle einschließlich Trendanalyse, erstellt mit MS-Excel auf Basis des PROAB-Konzeptes

	MStd Soll	MStd ist	%Fertig	MStd Analyse	MStd Rest	Anal/Soll
Entwicklung BBK	1461	733	59%	1252	519	86%
|- Phase A	1123	704	72%	983	279	88%
| |- Bearbeitung des Fachkonzeptes	60	60	100%	60	0	100%
| | |- Einarbeitung ins Fachkonzept	50	50	100%	50	0	100%
| | |- Klärung von Fragen zum Fachkonzept	10	10	100%	10	0	100%
| |- Erarbeitung eines DV-Konzeptes	68	37	100%	37	0	54%
| | |- Erarbeitung DV-Konzept für Userrechte-Auswertung	6	7	100%	7	0	117%
| | |- Erarbeitung DV-Konzept für Maskenaufbau	12	2	100%	2	0	17%
| | |- Erarbeitung DV-Konzept für Programmablauf	15	16	100%	16	0	107%
| | |- Erarbeitung DV-Konzept für Plausibilitätskontrollen	20	6	100%	6	0	30%
| | |- Erarbeitung DV-Konzept für Host-Lesezugriff	4	2	100%	2	0	50%
| | |- Erarbeitung DV-Konzept für Ausdrucke	6	1	100%	1	0	17%
| | |- Erarbeitung DV-Konzept für Recherche (Integration)	5	3	100%	3	0	60%
| |- Codierung (Basisentwicklung)	175	233	100%	233	0	133%
| | |- Codierung Userrechte-Auswertung	10	9	100%	9	0	90%
| | |- Codierung Maskenaufbau (inkl. Vorbesetzung)	30	12	100%	12	0	40%
| | |- Codierung Programmablauf	30	83	100%	83	0	277%
| | |- Codierung Plausibilitätskontrollen	60	89	100%	89	0	148%
| | |- Codierung Host-Lesezugriff	10	7	100%	7	0	70%
| | |- Codierung Ausdrucke (nur Integration)	10	2	100%	2	0	20%
| | |- Codierung Recherche (Integration)	25	31	100%	31	0	124%
| |- Tests (Fertigentwicklung)	380	212	100%	212	0	56%
| | |- Tests Userrechte-Auswertung	20	10	100%	10	0	50%
| | |- Tests Maskenaufbau (inkl. Vorbesetzung)	60	17	100%	17	0	28%
| | |- Tests Programmablauf	90	99	100%	99	0	110%
| | |- Tests Plausibilitätskontrollen	120	55	100%	55	0	46%
| | |- Tests Host-Lesezugriff	20	3	100%	3	0	15%
| | |- Tests Ausdrucke (nur Integration)	20	2	100%	2	0	10%
| | |- Tests Recherche (Integration)	50	26	100%	26	0	52%
| |- Portierung auf den SQL-Server	200	4	2%	220	216	110%
| | |- Umsetzung des Quellcodes	40			40	40	100%
| | |- Test im Fachbereich (Access)	80	4	4%	100	96	125%
| | |- Parallelbetrieb	80			80	80	100%
| |- Dokumentation	240	158	71%	221	63	92%
| | |- Entwicklerhandbuch	80	66	100%	66	0	83%
| | |- Benutzerhandbuch	120	92	80%	115	23	96%
| | |- Online-Hilfe	40			40	40	100%
|- Phase B	338	29	11%	269	240	79%
| |- Bearbeitung des Fachkonzeptes	2	3	50%	6	3	300%
| | |- Einarbeitung ins Fachkonzept (Host+Excel)	1	1	50%	2	1	200%
| | |- Klärung von Fragen zum Fachkonzept	1	2	50%	4	2	400%
| |- Erarbeitung eines DV-Konzeptes	16	1	9%	11	10	69%
| | |- Erarbeitung DV-Konzept für Host-Exportdatei	6	1	100%	1	0	17%
| | |- Erarbeitung DV-Konzept für Excel-Import	10			10	10	100%
| |- Codierung (Basisentwicklung)	80	11	18%	61	50	76%
| | |- Codierung Host-Exportdatei	30	11	100%	11	0	37%
| | |- Codierung Excel-Import mit Plausibilitätskontrolle	50			50	50	100%
| |- Tests (Fertigentwicklung)	160	12	10%	124	112	78%
| | |- Tests Host-Exportdatei	60	12	50%	24	12	40%
| | |- Tests Excel-Import mit Plausibilitätskontrolle	100			100	100	100%
| |- Portierung auf den SQL-Server	40	0	0%	40	40	100%
| | |- Umsetzung des Quellcodes	10			10	10	100%
| | |- Test auf dem Entwicklungsserver	30			30	30	100%
| |- Dokumentation	40	2	8%	27	25	67%
| | |- Entwicklerhandbuch	20	2	30%	7	5	33%
| | |- Benutzerhandbuch und Online-Hilfe	20			20	20	100%

5.1.2 Projektplanung

Obwohl es sich um eine völlig neuartige Aufgabe für mich handelte, entsprach mein geplantes Aufwandsvolumen ziemlich genau dem Wert, den die Projektleiterin abgeschätzt hatte. Dabei habe ich keinen Zeitplan erstellt, sondern nur einen Projektstrukturplan mit Aufwandsschätzung (siehe Tabelle 63). Die Beziehung ist ohnehin über alles gemittelt eins zu eins, da ich allein an dieser Aufgabe arbeitete und auch keine andere Aufgabe parallel zu erledigen hatte.

Die Aufgabenstrukturierung konnte nur sehr grob erfolgen, auch eine zeitliche Abfolge war nicht zu erstellen. Ich habe mich deshalb im Wesentlichen auf die drei Hauptarbeitspakete DV-Konzept, Basisentwicklung, Fertigentwicklung konzentriert und diese jeweils in sieben Vorgänge unterteilt wie etwa Plausibilitätskontrollen. Differenzierter zu planen hatte keinen Sinn. Es ging in erster Linie um die Frage, ob ich das Projekt noch im gewünschten Zeitrahmen realisieren konnte, da das Programm dringend benötigt wurde.

5.1.3 Controlling

Es wurden nun täglich die verbrauchten Stunden dem jeweiligen Vorgang zugeordnet und der erreichte Fortschrittsgrad geschätzt. Daraus ergab sich hochgerechnet der analytische Endwert, der glücklicherweise unter dem Planwert blieb. Während die Erarbeitung des DV-Konzeptes in fast der halben Zeit wie geplant vonstatten ging, brauchte ich für die Basisentwicklung ein Drittel mehr.

Die übrigen Arbeitspakete benötigten wieder deutlich weniger als geplant, insbesondere die Fertigentwicklung nur 56 Prozent. Hier hatte ich das Doppelte der Basisentwicklung angesetzt und bei einem Vorgang das Dreifache. Diese Vorsicht rührte aus der Erfahrung, dass viele Details der Anforderungen später erst hochkommen würden. Jetzt zeigte ich aber, dass einerseits die Spezifikation doch relativ gut war und ich andererseits bei der Basisentwicklung sehr gründlich gearbeitet hatte – deshalb wohl auch die Überziehung.

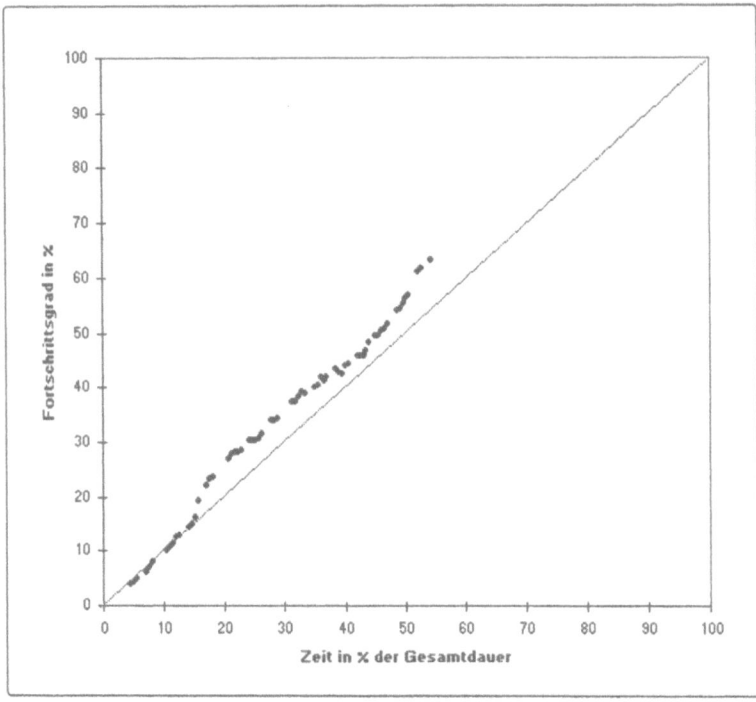

Abbildung 17: Zeitliche Entwicklung des Fortschrittsgrades im Projekt BBK. Die Diagonale entspricht dem geplanten Sollverlauf. Die tatsächliche Entwicklung ist besser als geplant.

Bei der Projektstruktur kam es nicht darauf an, dass die Arbeiten im Detail fein geplant wurden. Es genügte die grobe Struktur, die auch zur Folge hatte, dass viele Vorgänge parallel liefen. Entscheidend war der Gesamtaufwand, der von mir aufgebracht werden musste. Daraus ließen sich auch Termine direkt ableiten.

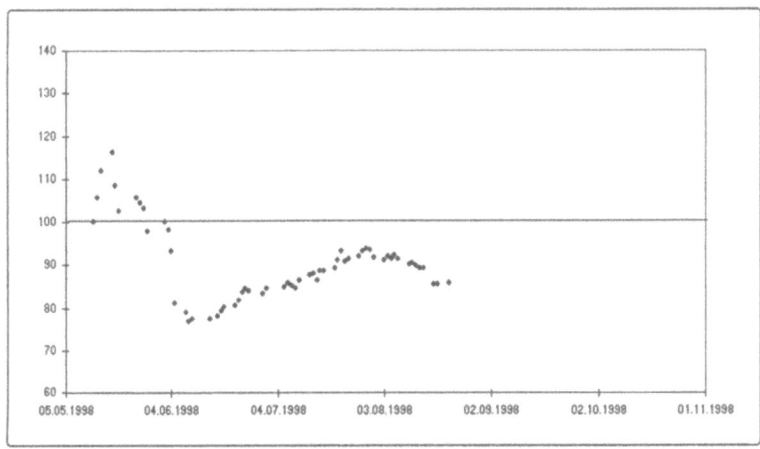

Abbildung 18: Trendanalyse im Projekt BBK.
Die Abzisse zeigt den Wert *Analyse/Soll* der Tabelle 63 in Prozent.
Mit Ausnahme der Anfangsphase, in der sich immer die analytischen Werte erst einmal finden müssen, ist der Projektverlauf sehr günstig und besser als geplant.

5.1.4 Arbeitsweise

Bemerkenswert bei diesem Projekt, bei dem die Projektleiterin und ein weiterer Mitarbeiter mit mir im Raum saßen, war, dass der noch recht junge Kollege von der ersten Minute des Erscheinens auf seinem Computer loshackte und das bis zur letzten Minute seines Arbeitstages. Ununterbrochen hackte er in die Tastatur. Es entstand der Eindruck, dass er fleißig und erfolgreich wäre. Ich hingegen machte häufig Erholungs- und Besinnungspausen. Im Endeffekt hatte dieser Mitarbeiter nur ein Zehntel meiner Effektivität nachweisen können. Mein Prinzip war, dass ich nur dann wirklich kreativ arbeitete, wenn ich mich dazu optimal in der Lage sah, d. h. der „IQ" im Tagesverlauf besonders hoch war (ist für ca. 30 Minuten der Fall). In den Phasen mit besonders niedrigem „IQ" machte ich Pausen. In den mittleren Phasen erledigte ich produktive Arbeiten und Routinearbeiten. Damit erreichte ich, dass ich in den entscheidenden Schritten kaum Fehler machte, die ich später in den ebenfalls Optimalphasen wieder hätte ausbügeln müssen. Der Fortschritt an einem Tag war zwar oftmals nur gering, aber dafür *nachhaltig*, da das Ergebnis fast fehlerfrei war. Beim Kollegen konnte es durchaus vorkommen, dass er an einem Tag eine neue Aufgabe sehr weit vorantrieb, dann aber tagelang damit beschäftigt war, die Fehler zu beseitigen, um schließlich vielleicht sogar nochmals von Neuem zu beginnen.

5.1.5 Führungsstil

Der kooperative Führungsstil der Projektleiterin war insofern gut, als dass einerseits jedem Mitarbeiter sein persönlicher Arbeitsstil erlaubt wurde – und dies auch ohne irgendwelche Termindrängelei – und andererseits sehr viel und direkt bei Problemen kommuniziert wurde. Wöchentliche Routinebesprechungen fanden anfangs statt, wurden dann aber weniger, weil die Projektleiterin selbst viel zu tun hatte. Ein Nachteil war dies aber nicht, da die Mitarbeiter mit ihr in einem Raum saßen und ohnehin fortlaufend kommunizieren konnten.

✗ Es genügte eine grobe Projektplanung und eine tägliche Istwerterfassung, um das Gesamtziel nicht aus den Augen zu verlieren und notwendige Arbeiten zu koordinieren.

✗ Die Projektleitung ließ den Mitarbeitern großen persönlichen Freiraum, was die Motivation und die Kreativität förderte.

✗ Die interne Kommunikation (innerhalb des Projektteams) konnte laufend stattfinden, die externe Kommunikation (zum Fachbereich als Bedarfsträger) war unterbrochen durch die zwischengeschaltete Betriebsorganisation.

5.2 Krankenkasse

In einem weiteren Projekt bei einer Krankenkasse war ich bei der Einführung eines Projektmanagements mittels MS-Project 98 unterstützend tätig. Dabei zeigte sich, dass die Abteilung(en) dafür noch gar nicht reif waren. Sie begriffen das Wesentliche nicht; glaubten, dass MS-Project schon alles mache. Schwierigkeiten mit dem Werkzeug wurden nicht akzeptiert. Das alles machte die Arbeit nicht leichter.

Krankenkasse

An einem kleinen Projekt (VO-Anforderungsverfahren) sollte das neue Projektmanagementverfahren erprobt werden. Die Ist-Daten zu bekommen, war mit ständiger Mahnung verbunden. Letztlich ging es schleppend voran. Das Teilprojekt begann Ende Januar und sollte nach erster Planung Ende März fertig sein. Bereits Mitte Februar stellte sich auf Grund meiner Trendanalysen, die ich in MS-Project integriert hatte, heraus, dass es wohl Mitte April werden würde. Das wollte der Teilprojektleiter nicht glauben. Ende Februar war die Tendenz schon bis Ende April. Da wurde man etwas skeptisch, mehr aber auch nicht. Durch eine Notaktion meinerseits wurden die Ressourcen gebündelt, und es ging relativ flott voran, was aber nur für zwei bis drei Wochen dafür sorgte, dass sich die Tendenz nicht verschlimmerte. Ende März zeigte dann die Tendenz schon bis Mitte Mai und war zunehmend. Als ich Anfang April das Projekt verließ, vermutete ich schon die Fertigstellung erst gegen Ende Mai und erhielt auch später telefonisch eine entsprechende Bestätigung. Grob gesagt hat also das Teilprojekt fast doppelt so lange gedauert wie geplant (Plan = 10 Wochen, Ist = 18 Wochen).

Interessant ist, dass die frühen Warnungen des von mir verwendeten PC-gestützten Frühwarnsystems keine Beachtung fanden. Selbst Ende März glaubte der Teilprojektleiter noch, es doch noch in zwei bis drei Wochen zu schaffen. Der Lerneffekt ist also gleich Null gewesen.

Auffallend war in diesem Projektteam, dass sehr langsam gearbeitet wurden. Ein Cobol-Modul von nur einigen zehn Zeilen dauerte einige Wochen, weil diverse kleine Schritte wie Genehmigungen von Namen usw. notwendig waren. Das nannte sich Qualitätssicherung, bremste aber die tägliche Arbeit. Diesem „Verfahren" passten sich die Mitarbeiter an, die ebenfalls mit aller Seelenruhe an die „Arbeit" gingen. Einige haben allerdings auch intensiver gearbeitet, muss der Fairness halber gesagt werden. Im Teilbereich Client/Server gab es nur einen einzigen Entwickler, der ständig einen Engpass darstellte. Monatelang bemühte ich mich, kurz eingewiesen zu werden und dann eine erste kleine Aufgabe durchzuführen. Mit dem Vermerk, dass sei alles sehr schwierig und dem Unterton „*das könne ich wohl nicht*" wurde dies immer zurückgewiesen. Andererseits war man der Meinung, dass die wenigen Aufgaben, die ich hatte, voll ausreichend waren, meine Zeit abzudecken. Schließlich war man mit meiner Arbeit sehr zufrieden, obwohl ich diese hätte auch in 10 bis 20 Prozent der Zeit schaffen können. Da wundert es also nicht, dass das o.g. Teilprojekt und alle anderen (Teil-)Projekte so schleppend verliefen.

Das Ergebnis einer statistischen Erhebung, dass 60 Prozent aller Softwareprojekte nicht beendet werden und von den restlichen immerhin 90 Prozent um einen Faktor zwei teurer werden und länger dauern als geplant, bestätigt sich hier also auch.

5.3 Projekt Migration

5.3.1 Aufgabe

Die gesamte Abwicklungssoftware einer Sozialversicherung sollte von einem Host-Rechner auf ein Client/Server-System umgestellt werden. Die Aufgabe war zuvor zwei Jahre lang durch eine große Unternehmensberatung versucht worden. Im Januar 1999 übernahm ein neues Team diese Aufgabe, die bis Ende 1999 abgeschlossen sein musste, da der Host-Rechner nicht Jahr-2000-fähig war. Es ging also auch um die Existenz dieser Versicherung. Ein Grund für das vorherige Fehlschlagen war die missglückte Migration der Altdaten in das neue System. Im April 1999 wurde ich über einen Vermittler in das Projekt geholt, um dieses Teilprojekt zu leiten und durchzuführen.

5.3.2 Projektplanung

Dieses Projekt ist projektmanagementtechnisch betrachtet eine Tragödie. Mein Teilprojekt *Migration* habe ich zwar mit PROAB geplant und verfolgt, was zu treffsicheren Aussagen führte und auch beim Kunden sehr gut ankam, aber das war auch schon alles Positive, was zu berichten ist.

Tabelle 64: Projektstrukturplan „Migration"

......	Projekt Migration
1	Migration der IBM/36-Daten
11	├─Umwandlung in PC-Format
12	├─Beschreibung der Altdaten
121	│ ├─Satzaufbau dokumentieren
122	│ └─Bedeutung ergründen
13	├─Import der IBM/36-Daten
131	│ ├─Erstellung Import-Access-DB
132	│ ├─Erstellung Importprogramm
133	│ ├─Importlauf durchführen
134	│ └─Formale Kontrolle
14	├─SQL-Datenbank
141	│ ├─ODBC-Connect zur SQL-DB
142	│ └─SQL-DB ergründen
15	├─Erstellung Exportprogramm
151	│ ├─Erstellung des Programmrumpfes
152	│ ├─Konzept der Datenintegrität
153	│ ├─Ermittl.d.Direktübernahmedaten
154	│ ├─Ermittlung der Wandeldaten
155	│ ├─Generierung der Wandeldaten
156	│ └─Ermittlung der Neudaten
16	├─Export der Daten
161	│ ├─Exportlauf durchführen
162	│ └─Formale Kontrolle
17	├─Export der FIBU-Daten
171	│ ├─Ermittlung des Exportverfahren
172	│ ├─Ermittlung der Exportdaten
173	│ ├─Erstellung Exportprogramm
174	│ ├─Export in die FIBU durchführen
175	│ └─Prüfung des Exportes
18	├─Prüfung der Migration
181	│ ├─Erstellung eines Prüfkonzeptes
182	│ ├─Durchführung der Prüfung
183	│ ├─Korrektur der Migration
184	│ └─2.Generalprobe
19	└─Tuning der Performance
2	Projektbesprechungen

Beginnen wir jedoch mit der Planung meines Teilprojektes. Mir war bei der Erstellung des Projektstrukturplanes vor allem wichtig, an alle notwendigen Aufgaben zu denken und eine Kommunikationsplattform gegenüber dem Vorstand und der Projektleitung in der Hand zu halten. In zweiter Linie kam es mir darauf an, eine Zeitabschätzung zu erhalten, ob ich überhaupt diese Aufgabe rechtzeitig bis zum Jahresende erledigen konnte, zumal mir nicht einmal die gesamte Zeit zur Verfügung stand, da auch die parallel entwickelte Anwendung mit der neuen SQL-Datenbank getestet werden musste.

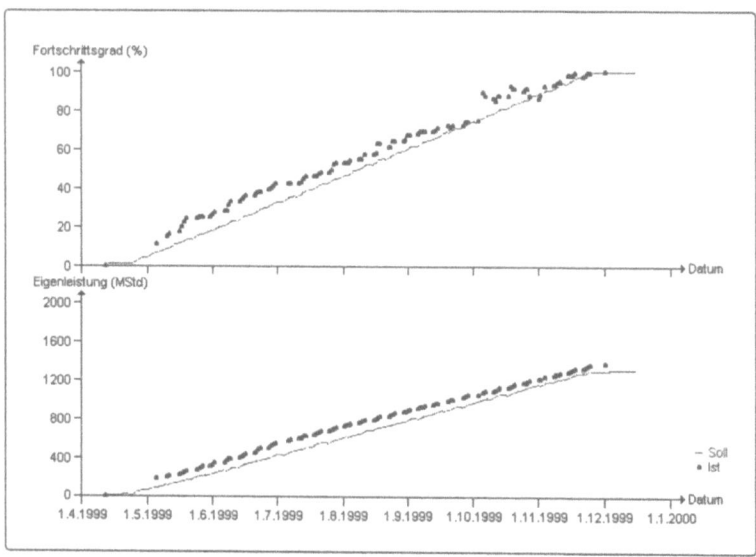

Abbildung 19: Geplante und tatsächliche Entwicklung des Fortschrittsgrades und des Arbeitsaufwandes

Das Trendanalysediagramm (Abbildung 26) zeigt deutlich die einzelnen Stressphasen im Projekt (plötzlicher Abfall der Werte). Im Übrigen hat mir diese Planung auch selbst Sicherheit gegeben, ob und wann ich fertig werde, da die Migration insgesamt ein sehr langes Teilprojekt war.

Projekt Migration

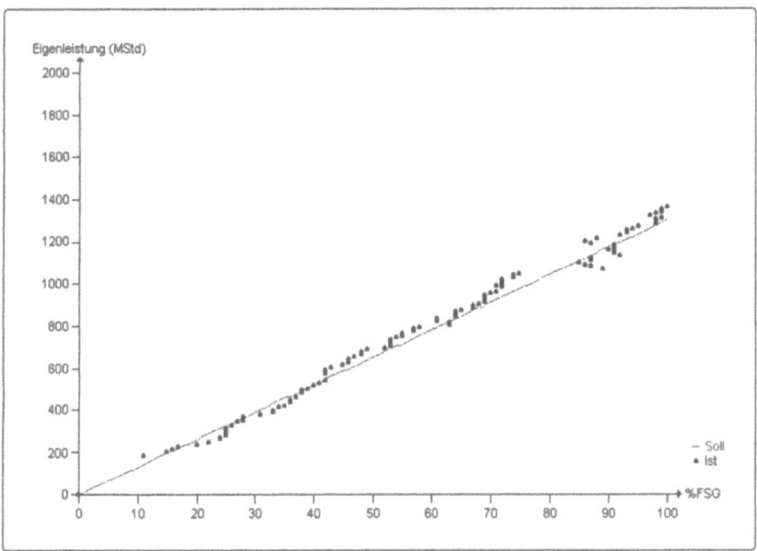

Abbildung 20: Aufwand im Verhältnis zum erreichten Arbeitsfortschritt

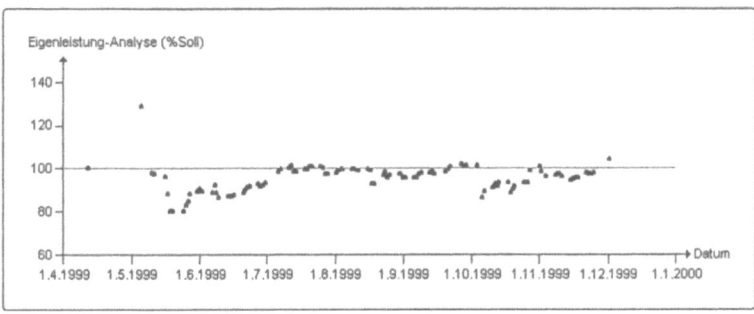

Abbildung 21: Trendanalyse im Projekt *Migration*

Sowohl der Projektleiter als auch der Teilprojektleiter für Qualitätssicherung und Konfigurationsmanagement (QS/KM) hatten nicht viel Verständnis für Projektplanung. Erst durch das Audit einer externen Qualitätssicherung wurde der Projektleiter dazu gezwungen, einen groben Zeitplan aufzustellen. Meine Planung galt als mustergültig und sollte übernommen werden, was aber der Projektleiter nicht wollte.

Stattdessen machte er aus dem Bauch heraus ein paar Balken mit MS-Project. Der Teilprojektleiter für QS/KM meinte verteidigend, man könne doch nicht selbständigen hochkarätigen Entwicklern minuziös sagen, was sie Stunde für Stunde machen sollen und das auch noch überprüfen. Das ist zwar richtig, aber maßlos in die falsche Richtung übertrieben, denn auch ich überprüfe meine Arbeit täglich stundengenau und hatte dennoch nur eine recht grobe Planung erstellt und hielt mich auch überhaupt nicht an die zeitlichen Abfolgen der Planung, die nur zum Berechnen eines Endtermines dienten. Wichtig war mir die Berechnung und Überwachung des benötigten Aufwandes, und dafür genügten grobe Arbeitspakete. Feinere Gliederungen zur besseren Verfolgung des Fortschrittsgrades erfolgten in einer Aktivitätenliste. So konnte ich für mich immer sagen, wie weit ich bin, was im Detail wie weit ist und ob ich zeitlich im Plan bin oder es zu Verspätungen kommen wird.

5.3.3 Führungsstil und soziale Kompetenz

Vorstand und Vermittler verärgerten einzelne Mitglieder des Teams allmonatlich durch Ausbleiben von Zahlungen, Nichtanerkennung von Stunden usw. Das übertrug sich auch auf die anderen Mitarbeiter. Ferner wurden von insgesamt sechs Entwicklern zwischenzeitlich vier entlassen, wofür zwar neue kamen, aber die Fluktuation und Unruhe war dennoch groß. Jeder hätte der nächste sein können. Zusagen galten nichts, Kündigungsfristen wurden nicht eingehalten. Zwei Mitarbeiter mussten zur Durchsetzung Ihrer vertraglichen Rechte kündigen. Das alles brachte keine Motivation, nicht oder verspätet bezahlte Rechnungen ebensowenig. Die ständig neuen Ausreden diesbezüglich waren beleidigend, weil Gegenbeweise existierten, vorgetragen und dennoch geleugnet wurden. Durch neue Auflagen wie persönliches An- und Abmelden[23], keine Genehmigung von Wochenendarbeit[24], usw. wurde ständig Unruhe produziert.

---

[23] d. h. keine Vertrauensbasis mehr gegeben

[24] entgegen der Zusagen bei den Einstellungsgesprächen

Projekt Migration

Der Versuch, den Vorstand davon zu überzeugen, dass Softwareentwickler hochsensible Geschöpfe seien, deren Kapital ihre Kreativität ist und sie insofern mit Künstlern verglichen werden können und auch so sensibel behandelt werden sollten, zumal enormer Termindruck auf ihnen lastete, wurde nur beschmunzelt und überhaupt nicht begriffen. Stattdessen wurden diese Menschen wie Arbeitsmaschinen behandelt, die eingeschaltet werden und zu funktionieren haben. Die soziale Kompetenz ließ sehr zu wünschen übrig.

Der Projektleiter bemühte sich, durch freundliches Auftreten und mit Verständnis die Mitarbeiter zu führen. Dies ging aber nur solange gut, wie die Mitarbeiter seinen Interessen entsprechend handelten. Wenn die Mitarbeiter fachlich einmal anderer Meinung waren, so änderte sich sein Führungsstil schnell in Richtung autoritär. Er hatte also keine wirklichen Führungsqualitäten. Das beeinflusste natürlich auch die Motivation der Mitarbeiter in ungünstiger Weise.

Der Projektleiter und der IT-Leiter hatten wenig Rückgrat. Sie drückten sich ständig vor unangenehmen Dingen und Aussprachen. Obwohl beispielsweise seit vielen Wochen bekannt war, dass ein Teammitglied entlassen werden sollte, wurde dies nicht mit ihm besprochen, sondern er wurde von Heute auf Morgen entlassen. Anderen ging es ähnlich. Eine neue Mitarbeiterin erklärte beim Vorstellungsgespräch, dass sie keine Schulungen machen wollte. Als klar war, dass sie dies doch machen müsste, wollte man sie vorher noch informieren, damit sie gegebenenfalls ablehnen konnte und gar nicht erst anreiste. Darüber waren sich IT-Leiter und Projektleiter einig. Nichts geschah, sie wurde vor vollendete Tatsachen gestellt und war sauer. Angeblich wäre der Vermittler informiert worden, der es dann blockiert haben soll[25]. Wie auch immer: Das ist niemals akzeptabel und schlechtestes Projektmanagement.

Für eine lange Zeit gelang es dem Team, durch Solidarität dem Untreiben des Vorstandes und des Vermittlers zu trotzen. Ein Teammitglied wurde zum Teilprojektleiter ernannt und sollte für die interne Qualitätssicherung und das Konfigurationsmanagement verantwortlich

---

[25] Welch Wunder, denn der will doch Umsatz machen. Es wäre guter und notwendiger Stil gewesen, die zukünftige Mitarbeiterin persönlich anzurufen, zumal der Vermittler mit diesen inhaltlichen Dingen ohnehin nichts zu tun hatte.

sein. Er verstand viel von objektorientierter Programmierung und bemühte sich fast vergebens darum, die betroffenen Kollegen – insbesondere die zwei Göttinger Mitarbeiter – davon zu überzeugen. Es wurde alles nur halbherzig erledigt und im Endeffekt nur zu fünfzig Prozent umgesetzt. Meiner Meinung nach deshalb, weil die Kollegen es nicht wirklich verstanden haben. Es wurde ein QS-Plan aufgestellt, der aber nie praktiziert wurde, weil der Teilprojektleiter für QS/KM der Meinung war, es hätte noch keinen Sinn, da laufend neue Versionen kämen und es immer nur hieße, „*es sei alles im Fluss, und Fehler würden gerade behoben*". Der Projektleiter, der gleichzeitig der Vermittler der Göttinger Kollegen war, verbot diesem Teilprojektleiter, nach Göttingen zu reisen (Begründung: Dafür haben wir kein Geld), tat es dann aber selbst. Telefonate und Fragen liefen über den Projektleiter statt über den Teilprojektleiter. Neue Versionen bekam der Projektleiter und Tage später eventuell erst der zuständige Teilprojektleiter. Dieser konnte also seine Aufgabe (QS und KM) gar nicht wahrnehmen. Bezüglich des Konfigurationsmanagements warnte der Teilprojektleiter immer wieder vor dieser Problematik.

Er wurde nach seinem „Rausschmiss" sogar durch den Projektleiter und dem externen Auditor vor dem Team ausgelacht. Der neue Teilprojektleiter hatte dann aber trotz besserer Zuarbeit durch den Projektleiter mit dem Konfigurationsmanagement immer noch laufend Probleme, weil alle Betroffenen die damit verbundene Problematik nicht wirklich begriffen.

Ich habe das Gefühl, der Projektleiter hatte den alten Teilprojektleiter mit Absicht blockiert, um ihn loszuwerden, da er für ihn unbequem wurde. Zudem hatte der Projektleiter diesem Mitarbeiter die Entwicklung der Schnittstelle zur Finanzbuchhaltungssoftware zu Beginn des Projektes zugesagt, im weiteren Verlauf des Projektes ihm diese Aufgabe aber wieder entzogen. Der Projektleiter setzte sich stattdessen für eine Fremdvergabe ein.

5.4 Projekt *pfiff*

Pfiff ist die Beratungssoftware bei der Deutschen Post AG und Postbank, die in allen Center-Filialen eingesetzt wird. Sie dient zum Verkauf von Versicherungen, Sparprodukten, dem Einrichten und Ändern von Konten usw. Diese Software wird in der Zentrale der Deutschen Post AG entwickelt. Die Software existiert schon seit einigen Jahren und wird alljährlich weiter entwickelt. Es gibt zwei bis drei neue Versionen pro Jahr. Die vorliegenden Erfahrungen sind bei den Versionen *pfiff 3.2* und *pfiff 4.0* gesammelt worden. Gemeinsam mit dem Parallelprojekt PDL, welches eine andere Produktpalette der Deutschen Post AG (einschließlich Telekom AG) beinhaltet, umfasst das Projektteam beim ausführenden Generalunternehmer ca. 40 Mitarbeiter und beim Kunden ca. 100 Mitarbeiter. Laut Microsoft ist es das größte Visual-Basic-Projekt der Welt.

Um ein derart großes Projekt (Softwareprodukt) systematisch weiter entwickeln zu können, ist eine phasenorientierte Vorgehensweise unerlässlich. Diese beinhaltet zunächst eine so genannte Scope-Phase, in der abgestimmt wird, welche Erweiterungen und Änderungen vorgenommen werden sollen. Es folgt die Design-Phase, in der die gewünschten Anpassungen detailliert beschrieben und die Masken entworfen werden. In der anschließenden Development-Phase werden dann die Codierung und der Test vorgenommen. Dann schließlich folgt eine UAT-Phase (User-Acceptance-Test), bei der mehrere Schlüsselbenutzer des Kunden die Software ausgiebig testen. Das ganze Thema wird begleitet von mehreren Qualitätssicherungsmaßnahmen auf verschiedenen Ebenen. Schließlich folgt eine kurze Dokumentationsphase, bei der grundsätzlich die Gesamtddokumentation überarbeitet wird.

Das hier benutzte Phasenmodell unterscheidet sich nicht grundsätzlich von dem in Abbildung 4 dargestellten Phasenmodell. Die Scope-Phase entspricht dem Phasenvorlauf und dem Konzept, die Design-Phase der Definition, die Development-Phase mit UAT und Dokumentationsphase der Entwicklung. In einer detaillierteren Aufteilung der Phasen würde nach dem Modell in Abbildung 4 die Entwicklungsphase in die gleichen Stufen zerfallen wie bei diesem Projekt. Das zeigt also, dass es letztlich bereits große Einigkeit über die prinzielle Vorgehensweise bei solchen Softwareprojekten gibt. Unterschiede gibt es wohl im Wesentlichen in den Details der Ausführung.

Entscheidend ist hier aber, dass der Generalunternehmer, d. h. seine Mitarbeiter, dieses Phasenmodell und diese strukturierte Vorgehensweise wirklich leben können. Es dauerte ca. zwei Jahre beim Kunden, bis dieser entsprechend dieser Philosophie mitzog. Der Generalunternehmer musste viel Geduld haben, und das erfordert eben eine starke Disziplin bei den Mitarbeitern, die sozusagen nicht locker lassen dürfen.

Innerhalb der Design-Phase wird ebenfalls sehr strukturiert vorgegangen. Die einzelnen Aktivitäten[26] werden genaustens terminiert und an den Wänden für alle Mitarbeiter visualisiert. Die Aufgaben werden genauestens zu Beginn auf die Mitarbeiter verteilt. Dennoch kann es laufend zu Änderungen kommen, die unter dem Begriff *Flexibilität* zusammengefasst werden können. Wenn beispielsweise ein Mitarbeiter bei einer Aufgabe länger als kalkuliert benötigt, übernimmt ein anderer für ihn eine der nachfolgenden Aufgaben. Die Aufgaben selbst sind in der Größenordnung eines Tages angesiedelt. Es ist also beinahe minuziös geplant (so wie es der Kollege im Projekt Migration nicht wollte).

Ein Grundprinzip, insbesondere bei der Entwicklung, hieß: *„Wenn man länger als zehn Minuten über ein Problem nachdenken muss, muss man einen Kollegen fragen."* Dies ermöglicht einen flüssigen Arbeitsfortschritt. Zwar wird man häufig bei seiner eigenen Arbeit unterbrochen, aber dafür bleibt man auch nicht bei Problemen hängen, und diese Probleme würden im Allgemeinen viel mehr Zeit in Anspruch nehmen.

Diese Vorgehensweise sichert dem Kunden ein termingerechtes Fertigstellen der neuen Version (tagesgenau) und eine exakte Einhaltung der Kosten. Der Kostenrahmen wird erstmalig in der Initialisierungsphase (Scope-Phase) festgelegt und dann nach der Design-Phase neu bewertet. Entweder werden die Prioritäten der Arbeiten anders gelegt oder die Finanzmittel aufgestockt. In der Mitte

---

[26] Im Wesentlichen waren dies Sitzungen mit dem Kunden, die sofortige Prokoll-Erstellung und die Verabschiedung dieser Protokolle innerhalb von 24 Stunden.

Projekt pfiff

der Development-Phase wird diese Bewertung nochmals wiederholt, um unerwartet aufgetretene Schwierigkeiten auszugleichen. Im Allgemeinen aber halten sich unerwartete Schwierigkeiten und unerwartete Leichtigkeiten das Gleichgewicht.

In der Initialisierungsphase nicht verabschiedete Features werden in der Design-Phase auch nicht bearbeitet. In der Design-Phase nicht verabschiedete Eigenschaften werden auch nicht entwickelt. Hier muss eine strenge Disziplin herrschen. Alles, was dem Kunden zu spät einfällt, muss in einer späteren Version durchgeführt werden.

Der Generalunternehmer legt großen Wert darauf, dass das Team kooperationsfähig ist. Die Mitarbeiter werden so ausgewählt, dass sie sich in das Team integrieren. Füreinander da sein, ist eines der wichtigsten Prinzipien. Es zählt nur das Teamergebnis, nicht das des Einzelnen. Die Motivation wird durch zahlreiche Team-Events, also gemeinsame Veranstaltungen, gefördert. Solche Team-Events finden alle paar Wochen statt. Zusätzlich organisiert sich das Team selbst kleinere Veranstaltungen, an denen jeweils ein Teil der Mitarbeiter teilnehmen. So wird einmal Tennis gespielt, dann wird gegessen usw. Der Teamgedanke steht an oberster Stelle, und das hilft bei der Bewältigung der gerade in Softwareprojekten häufig anzutreffender Schwierigkeiten.

Ich selbst habe für meine eigenen Aufgaben eine Projektplanung durchgeführt sowie ein tägliches Controlling. In Abbildung 27 ist zu erkennen, dass gleich zu Beginn der Entwicklungsphase große Probleme in meinem Teilprojekt auftraten, wodurch sich der voraussichtliche Endaufwand auf 140 Prozent des ursprünglich geschätzten Aufwandes vergrößern sollte. Da eine dadurch bedingte Terminverschiebung in diesem Projekt – wie bereits erwähnt – in keinster Weise zugelassen war, wurden sofort Hilfsmaßnahmen eingeleitet. In den bereits besprochenen regelmäßigen Teambesprechungen (hier Check-Point genannt) habe ich dieses Thema angesprochen, und die Kollegen haben sich bereit erklärt, mir bei der Lösungssuche zu helfen, was dann immerhin auch noch gut eine Woche lang dauerte. Dann konnte ich während der dritten Woche die Problematik in den Griff bekommen und sogar den Zeitverlust wieder ausgleichen, sodass die Trendkurve wieder auf 100 Prozent zurückfiel, wo sie sich dann auch für einige weitere Wochen aufhielt, um dann schließlich sogar in den Bereich von 80 Prozent abzusacken, was also bedeutet, dass ich sogar vor meiner Zeit war. Im Endeffekt habe ich mein Teilprojekt zeitgemäß abwickeln können.

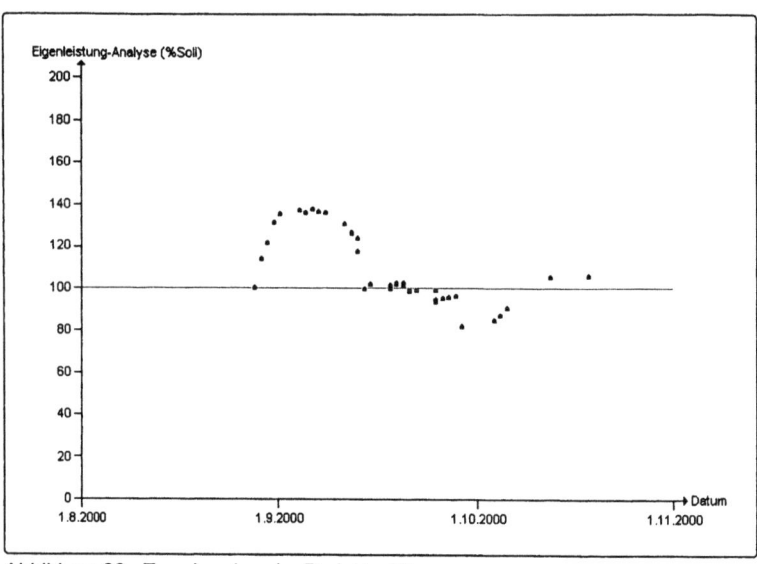

Abbildung 22: Trendanalyse im Projekt *pfiff*

Die Abbildung 27 zeigt aber sehr deutlich, dass durch geeignete Software (hier das Programm PROAB) Problembereiche visualisiert werden können, in der Weise, dass nicht-eingeweihte Personen sehr schnell erkennen können, wo ein Problem liegt, oder eingeweihte Personen schnell erkennen können, wie umfangreich ein Problem ausfällt bzw. ob und wann die Steuerungsmaßnahmen erfolgreich gegriffen haben.

5.5 Bewertung als kooperatives Projektmanagement

In diesem Abschnitt sollen die zuvor beschriebenen Softwareprojekte hinsichtlich der in diesem Buch behandelten Arbeitshypothesen zum kooperativen Projektmanagement bewertet werden. Dabei findet einerseits eine Reflexion an den Moser'schen Thesen zur Nachhaltigkeit und zur inneren Selbstbewegung und andererseits eine Spiegelung an den operativen Strategien statt.

5.5.1 Reflexion an den Moser'schen Thesen

Nachfolgend werden die zuvor besprochenen Softwareprojekte an den Moser'schen Thesen zur Nachhaltigkeit und inneren Selbstbewegung sowie an seinen Kriterien für ein Selbstorganisationsmanagement reflektiert. Auch wenn die Kriterien teilweise ineinander übergehen, so betrachte ich sie dennoch als hinreichend additiv zur Ermittlung eines Gesamturteils.

Tabelle 65: Bewertung der Softwareprojekte nach den Moser'schen Thesen zur Nachhaltigkeit und inneren Selbsbewegung

	BBK	Kr'kasse	Migration	pfiff
Ordnung, Harmonie, Schönheit	++	0	0	+
Geistige vor materiellen Werte	+	0	0	+
Bewusstseinsentwicklung	0	-	-	0
weich ist hart (liebevolles H.)	++	+	++	++
vom Macher zum Diener	+	-	0	++
	6	-1	1	6

Bei der Abwicklung der Projekte BBK und *pfiff* wurden die Prinzipien der Nachhaltigkeit besonders stark beachtet, was letztendlich auch zu guten Ergebnissen geführt hat und eine hohe Zufriedenheit bei den Beteiligten zur Folge hatte.

Tabelle 66: Bewertung der Softwareprojekte hinsichtlich den Prinzipien zum Selbstorganisationsmanagement nach Moser

	BBK	Kr'kasse	Migration	pfiff
Manager sind Schlüsselfiguren	++	0	0	++
keine zentrale Steuerung	0	--	-	+
flache Hierarchie	--	--	+	+
keine Plansoll	0	+	0	-
Planung erfolgt dynamisch	0	+	0	0
Konsenzprinzip	0	-	0	++
Disziplin u. liebende Strenge	++	0	-	+
	2	-3	-1	6

Die Selbstorganisation war im Projekt *pfiff* besonders hoch. Dies ist aber auch ein erklärtes Unternehmensziel des Auftragnehmers gewesen.

Beide Bewertungen können ohne weiteres wegen ihrer Verwandtschaft auch zusammengefasst werden und ergeben ein noch deutlicheres Bild.

Tabelle 67: Zusammenfassung beider Bewertungsschemata bezüglich der inneren Selbstbewegung bei den Softwareprojekten

	BBK	Kr'kasse	Migration	pfiff
Thesen zur Nachhaltigkeit	6	-1	1	6
Selbstorganisationsprinzipien	2	-3	-1	6
	8	-4	0	12

Mit klarem Vorsprung führt das Projekt *pfiff* vor dem Projekt BBK. Deutlich abgeschlagen und ohne jegliche innere Selbstbewegung sind die beiden Projekte Migration und Krankenkasse.

5.5.2 Reflexion an den operativen Strategien

Die vorgenannten Softwareprojekte werden bezüglich der am Schluss des Kapitels 4.2.2 gegebenen Empfehlungen für Projekte im technischen Entwicklungs- und Softwarebereich gespiegelt.

Bewertung als kooperatives Projektmanagement 183

Tabelle 68: Bewertung der Empfehlungen für Softwareentwicklungen aus Kapitel 4 bezüglich der Softwareprojekte

	BBK	Kr'kasse	Migration	*pfiff*
Organisationsmanager	+	- -	+	++
Projektstrukturplan	++	- -	++	++
Tägliche Istwerterfassung	++	- -	- -	++
Stärkere Kommunikation	++	- -	0	++
	7	-8	1	8

Auch hier zeigt sich wieder, dass die nach Moser schon gut gelaufenen Projekte BBK und *pfiff* auch die Empfehlungen zum kooperativen Projektmanagement nahezu vollständig erfüllen.

Schlusswort

Ich wünsche mir viele mutige Projektmanager, die bereit sind, die neuen Ideen auszuprobieren. Sollten sich dadurch die Einhaltung von Terminen, Kosten und Qualität verbessern, dann ist das Ziel dieses Buches mehr als erreicht worden. Sollten noch keine Verbesserungen erkennbar sein, so ergibt sich aus den neuen Erfahrungen und den Anregungen dieses Buches vielleicht der Durchbruch zu besserer Wirtschaftlichkeit in den Projekten.

Literatur

DETSCHMER, M., DOLVEN, D. und SCHOBERT, B., Partizipative Projektplanung als Instrument der Organisationsentwicklung im Wirtschaftsunternehmen, Cooperation Köln 1995

Deutsche Gesellschaft für Technische Zusammenarbeit (GTZ) GmbH, Orientierungsrahmen für die Durchführung von Vorhaben der deutschen Technischen Zusammenarbeit durch die GTZ, Eschborn 1995

Deutsche Gesellschaft für Technische Zusammenarbeit (GTZ) GmbH, Project Cycle Management (PCM) und Zielorientierte Projektplanung (ZOPP), Eschborn 1995

DIN 69900 Teil 1 und 2, Netzplantechnik, Deutsches Institut für Normung e.V., Berlin 1987

DIN 69901, Projektmanagement, Deutsches Institut für Normung e.V., Berlin 1987

DIN 69902, Einsatzmittel, Deutsches Institut für Normung e.V., Berlin 1987

DIN 69903, Kosten und Leistung, Finanzmittel, Deutsches Institut für Normung e.V., Berlin 1987

ELBLING, O., KREUZER, CHR., Handbuch der Strategischen Instrumente, Wirtschaftsverlag Ueberreuter 1994

HEINTEL, P., KRAINZ, E., Projektmanagement – Eine Antwort auf die Hierarchiekrise?, 4. Auflage, Gabler Verlag Wiesbaden 2000

KALMBACH, R.G., Management im Umbruch – Wege aus der Krise, Frankfurter Allgemeine/Gabler Verlag Wiesbaden 1994

KAUPER und HARTMANN, Lean Management, Economica Verlag Bonn 1994

KOTTMANN, K. (Hrsg.), Unternehmensqualität, B.G.Teubner Verlag Stuttgart 1993

LINDE, H., FHS Coburg, WOIS – Widerspruchsorientierte Innovationsstrategie, Vortrag auf der Tagung des Norddeutschen Ingenieurs des VDI am 7.10.95 in Rostock

MADAUSS, B. J., Projektmanagement, 2. Auflage, C.E.Poeschel Verlag Stuttgart 1984

MEYERS Enzyklopädisches Lexikon, 9. Auflage, Band 12: Informationstheorie, Bibliographisches Institut Mannheim 1974

MOSER, F., TU Graz, Chaos, Dynamik und Selbstorganisation als Antrieb von Innovation und Evolution, Vortrag auf der Tagung des Norddeutschen Ingenieurs des VDI am 7.10.95 in Rostock

MOSER, F. und NARODOSLAWSKY, M., Bewußtsein in Raum und Zeit, Insel Verlag Frankfurt am Main 1996

NARODOSLAWSKY, M., ECKER, J., GRABHER, A., RETZL, H., Leitfaden zur Umsetzung der Local Agenda 21 in Österreich, Bundesministerium für Umwelt, Jugend und Familie, Wien 1998

NARODOSLAWSKY, M., Von Nachhaltigkeit zur nachhaltigen Entwicklung – ein Begriff im Wandel, Institut für Verfahrenstechnik an der TU Graz, Graz 2001

NEDEß, CHR., TU Hamburg-Harburg, Im Wandel von der alten zur Neuen Fabrik, Vortrag auf der Tagung des Norddeutschen Ingenieurs des VDI am 6.10.95 in Rostock, Vortragsmanuskript

NEDEß, CHR., MALLON, J., STROSINA, CHR., Die Neue Fabrik, Springer-Verlag Berlin Heidelberg 1995

PLATZ, J., Trainingsunterlagen der Gesellschaft für Forschungs- und Entwicklungs-Management mbH

RAUSCH, M., Management kurz und bündig, Kamprath-Reihe, Vogel Verlag Würzburg 1976

SCHULZ VON THUN, F., Miteinander reden, Band 1: Störungen und Klärungen, Rowohlt Taschenbuch Verlag Reinbek 1997

SCHWANINGER, M., Management Systeme – Das St.Galler Managementkonzept, Campus Verlag Frankfurt 1994

WEBER, H. (Hrsg.), Lean Management – Wege aus der Krise, Gabler Verlag Wiesbaden 1994

WIRTZ, TH. und MEHRMANN, E., Effizientes Projektmanagement, Econ Taschenbuchverlag 1992

WISCHNEWSKI, E., Vieweg ProjectManager PROAB II, 2., verb. Auflage, Verlag Vieweg Wiesbaden 1992

WISCHNEWSKI, E., Aktives Projektmanagement für das Bauwesen, 3., vollst. überarb. Auflage, Verlag Vieweg Wiesbaden 2001

WISCHNEWSKI, E., Modernes Projektmanagement, 7., vollst. überarb. und erw. Auflage, Verlag Vieweg Wiesbaden 2001

WISCHNEWSKI, E., Kooperatives Projektmanagement, Versuch eines holistischen Ansatzes unter Verwendung von Gedanken zur Nachhaltigkeit und inneren Selbstbewegung, Dissertation, TU Graz 2001 (beim Autor erhältlich)

ZINK, K.J. (Hrsg.), Business Excellence durch TQM (Erfahrung europäischer Unternehmen), Carl Hanser Verlag München-Wien 1994

Stichwortverzeichnis

A
Allgemeine Fragen 57
Analyse der Projektpraxis 57
Anlagenbau 142
Anpassung 54, 97
Arbeitspakete 102
Arbeitsstunden 80
Arbeitsweise 167
Aufbau des Fragebogens 57

B
Bauwesen 142
Beispiel Autofahrt 28
Beispiel Bundeswehr 31
Beispiel Einkaufen 26
Beispiel Softwareprodukt 30
Beispiel Wohnungsbaugesellschaft 45
Belastbare Informationen 48
Berichterstattung 70
Berichtswesen 43
Besprechung 70, 100, 101, 139
Branchen 64, 77, 95, 141

C
Chaos-Theorie 13
Controlling 165

D
Dienstleistung 151

E
Einfachheit 40
Eingesparte Zeit 89, 136
Entropie 14, 97
Entscheidungen 36
Entwicklung 145

F
Feuerwehraktion 95, 133
Fortschrittsbericht 70, 132
Fortschrittsgrad 81
Fragebogen 57
Fragen zu Projektmanagementhilfsmitteln 60
Fragen zum Selbstlerneffekt 59
Fragen zur inneren Selbstbewegung 59
Fragen zur Nachhaltigkeit 58
Fremdanteil 79, 88, 92
Fremdkosten 80
Führungsstil 68, 119, 121, 168, 174

G
Gebote 37, 39
Gehirn 123
Gliederung 41
Grundsätze 97

H
Harmonie 51
Holistisches Informationssystem 123
Holistisches Paradigma 11

I
Informationssystem 123
Innere Selbstbewegung 31, 49, 66, 71, 139
Innovationsmanagement 149
interdisziplinär 118
Interpretation 64
Ist-Situation 80

J
Jour-Fixe 119, 139

K
Kapazitätsrisiko 19
Klärungsfaktor 99
Kommunikation 118
Kommunikatives Projektmanagement 117
Kooperatives Projektmanagement 113, 131
Kostenvolumen 131
Krankenkasse 168
Kreativität 99
Kritischer Zyklus 135
Kürze und Prägnanz 41
Kurzfristige Planungen 94, 133
Kybernetischer Regelkreis 31

Stichwortverzeichnis

L
langfristige Planung 29, 71
Lean-Management 51
Linienorganisation 79, 97, 110, 154

M
Materialanteil 79
Matrixorganisation 155
Moderator 34
Moser'sche Thesen 51, 181
Motivation 122
multidisziplinär 118

N
Nachhaltiges Projektmanagement 126
Nachhaltigkeit 29, 37, 49, 73, 126
Nutzen 106
Nutzkoeffizient 106

O
Operative Strategien 131, 182
Ordnung 41, 51
Organisationsform 65, 67, 82, 88, 95, 108, 154

P
Partizipativer Führungsstil 68, 119, 131
Personalfragen 33
Phasenmodell 24
Planung 29
Planungszeiträume 92
Projekt 19
Projekt BBK 163
Projekt Migration 170
Projekt pfiff 177
Projektabwicklung 115
Projektbesprechung 70, 132
Projektdauer 131
Projektkultur 114, 116
Projektleiter 33, 71
Projektmanagementhilfsmittel 103, 128
Projektorganisation 16, 115, 156
Projektplanung 27, 29, 165, 170
Projektstrukturplan 37, 77, 111, 118

Q
Qualität 131

R
Repräsentation 34
Ressourcen-Planung 42
Ressourcenrisiko 19

S
Schnittstellen 118
Segeltour 47
Selbstlerneffekt 97
Selbstorganisationsprinzipien 55
Situationsanalyse 86
Software 145
Softwareprojekte 163
Soziale Kompetenz 34, 174
Sozialer Prozeß 119
Spiralmodell 23
Stimulanz 41
Stimulierte Dynamisierung 121
Störungserfassung 38, 84
Strategische Planung 92
Stressbedarf 103
Strukturierung 37

T
Teilnehmerzahl 100, 139
Termintreue 65
Trendanalyse 38, 83

U
Überziehung 131
Unentbehrlichkeit des Projektleiters 71

V
Verständlichkeitskonzept 39
Verwaltung 151

W
W-Fragen 61, 108

Z
Zeitbedarf 103
Zeitplandarstellung 110
Zeitplanungsmethode 110
Ziele 54
Zielorientierte Projektplanung 49
ZOPP 49

Der Autor

Dr. Erik Wischnewski
Heinrich-Heine-Weg 13
D-24568 Kaltenkirchen
Telefon: +49 (0) 4191 7509
Fax: +49 (0) 4191 770509
E-Mail: e.wischnewski@wischnewski-online.de
Website: www.wischnewski-online.de

geboren 1952 in Hamburg, Gymnasium, 1971-1973 mehrmaliger Jugend-forscht-Sieger, 1975-1980 Studium der Physik, Mathematik und Astronomie an der Universität Hamburg, 1996-2001 Promotion an der Technischen Universität Graz über Projektmanagement.

1980 wissenschaftlicher Assistent an der Universitätssternwarte in Hamburg-Bergedorf, 1980-1989 bei AEG: Entwicklungsingenieur, 1982-1985 Vertriebsleiter für Studien und Entwicklung, 1985-1988 Projektleiter und -berater und schließlich Fachabteilungsleiter für Entwicklungssteuerung.

Seit 1989 selbständiger Berater und Trainer in der freien Wirtschaft, bei Behörden und Banken, 1993-1995 Dozent an mehreren Hochschulen: regelmäßige Vorlesungen über Projektmanagement an der Fachhochschule Wedel, an der NordAkademie in Pinneberg und an der Hochschule für Musik und Theater. 1995-1996 Referent auf nationalen und internationalen Kongressen und Workshops in Rostock, in Wien und in Polen. Zahlreiche Fachbücher zu den Themen Software-Engineering und Projektmanagement. Seit 1998 überwiegend tätig als IT-Consultant.

MIX
Papier aus verantwortungsvollen Quellen
Paper from responsible sources
FSC® C105338

If you have any concerns about our products,
you can contact us on
ProductSafety@springernature.com

In case Publisher is established outside the EU,
the EU authorized representative is:
**Springer Nature Customer Service Center GmbH
Europaplatz 3, 69115 Heidelberg, Germany**

Printed by Libri Plureos GmbH
in Hamburg, Germany